U0503346

工匠精神

——迈向卓越员工的修炼手册

江中原 著

经济管理出版社
ECONOMY & MANAGEMENT PUBLISHING HOUSE

图书在版编目（CIP）数据

工匠精神——迈向卓越员工的修炼手册/江中原著. —北京：经济管理出版社，2018.7
ISBN 978-7-5096-5835-2

Ⅰ.①工… Ⅱ.①江… Ⅲ.①职业道德—通俗读物 Ⅳ.①B822.9-49

中国版本图书馆 CIP 数据核字（2018）第 118484 号

策划编辑：勇　生
责任编辑：勇　生　王　聪
责任印制：黄章平
责任校对：董杉珊

出版发行：经济管理出版社
　　　　　（北京市海淀区北蜂窝 8 号中雅大厦 A 座 11 层　100038）
网　　址：www. E-mp. com. cn
电　　话：（010）51915602
印　　刷：三河市延风印装有限公司
经　　销：新华书店
开　　本：720mm×1000mm/16
印　　张：14.25
字　　数：205 千字
版　　次：2018 年 8 月第 1 版　2018 年 8 月第 1 次印刷
书　　号：ISBN 978-7-5096-5835-2
定　　价：48.00 元

Preface
自　序
做事五境界　匠人真功夫

　　本书的写作想法源于《走向职场成功的 36 个密码》这本书，《走向职场成功的 36 个密码》中关于"做人做事的五大境界"大概内容如下：我们每个人在职场上从事的都是每项具体的工作，可以称作"做事"。"做事"其实也有境界之分，具体有五种：做过、做完、做好、做精、做美。做过是指有头无尾，有始无终，甚至忘了做这件事的目的。做完是指简单地完成了任务，但是缺乏高标准、严要求。做好是按时、保质、保量地完成了工作。做精是在做好的基础上做到精益求精。做美也就是在做精的基础上做得更加漂亮。这五个境界恰恰告诉我们做人做事的目标方向一定是要朝着做精、做美去做，这也恰恰是工匠精神的体现。

　　有了工匠精神还要有具体的方法，要让大家知道如何才能成为一名匠人。我在大学毕业后，曾经体验过很多基层岗位工作，比如曾短暂体验过果冻工厂工人的工作，那时想要走进生产车间就得穿上工作服经过五重消毒程序，如果有一个程序没做到位，当批次生产的果冻可能会质检抽样不过关。我还在一家酒店的仓库做过成本会计，成本会计每天最主要的工作就是核算酒店当天各个部门的成本，做的是源头最基础的账目，核算时如果有一项不正确就会影响整个酒店出营业报表。从事时间最长的是客户服务工作，我从银行里一名基层的坐席代表接电话做起，试想在给客户办理业务时，如果没有精益求精地去做，带来的后果将不堪设想。在成为一名管理者后，我常常想怎么才能在团队里培养卓越的员工，答案就是让员工有工匠精神并且还要有具体的方法，而本书就是一本成为卓越员工的修炼手册，从信仰、专业、敬业、担当、专注、严谨、执着、创新、执行、合作几方面来阐述成为卓越员工和匠人的真功夫。

在写这本书时，我尽量用通俗易懂的语言，让读者愿意读、能读懂，全面阐释了工匠精神的内涵，以给大家将自己打造成一名一流匠人提供借鉴。希望每个人都能脚踏实地，通过不断修炼让自己迈向卓越，成为一名匠人。当然，这本书中的一些观点和案例可能有失偏颇，我也希望能够得到广大读者的批评和指正。

本书历经几次修改，总算要出版了，由于平时白天工作比较忙，我的写作时间基本都是安排在晚上，我发现夜深人静的时候最适合写作，效率也是最高的。这本书能够面世，除了自己每天的努力，也离不开大家的支持。首先要感谢多年来一直培养我的两家单位：中国光大银行总行电子银行部远程银行中心、武昌工学院。其次要感谢中国光大银行总行电子银行部四位领导杨兵兵、熊福林、刘瑞群、李艳芳，湖北省统计局副局长、中南财经政法大学教授叶青，著名作家、著名编剧董明侠，客户世界机构创办人、CC-CMM国际标准组织主席赵溪，客服行业大咖刘海霞，COPC Inc. 中国区总监崔晓，武昌工学院李勇、张建华、黄仁勇、刘汉霞、陈旭五位领导，我多年来的管理搭档汤荣、张茜、张俊，多次给予我帮助的何薇、丁亚荣，本书的策划人及出版社。最后要特别感谢我的家人，他们一直以来在背后默默地照顾和支持我。

江中原

Preface
前　言
小角色也要有高追求，不断精进做一流匠人

　　李宗盛，著名的词曲作家，音乐制作人兼创作歌手。在李宗盛的音乐生涯中，创作了许多的经典歌曲。但是，李宗盛除了写歌，从 2003 年开始，做了 20 年音乐的李宗盛，认真地回到了音乐的起点，给了自己另一个身份——吉他匠人。在制作吉他的过程中，李宗盛成为了一个将吉他制作做到极致的一流匠人。李宗盛曾说："我通过吉他来跟时代对话，通过这个东西来实现存在感，一把琴对于我这样一个年轻人管用，我想肯定也会对其他年轻人管用。我老爱跟人家说，吉他如何地改变了我的一生。"

　　为了制作吉他，李宗盛在离上海不到 70 公里的小镇租下了一间小厂房，正式开始做自己的品牌"李吉他"。与其他人的贴牌生产、批量生产不同，李宗盛的重点并不是如何忽略吉他的质量，通过大量生产吉他，并利用自己的名气获取利益。他的重点是如何将每一把吉他都做到极致。所以，李宗盛的每把"李吉他"都是手工制作，每一把吉他都要亲自调音。为了制作吉他，李宗盛每天只能睡 3 个小时。因为每把吉他都是全套手工制作，所以即使两把吉他的选材、制作程序和基本手法一模一样，最后做出来的吉他、弹出来的声音依然千差万别。每把吉他制作出来后，至少要在仓库里存放两个月，然后拿出来进行最后一次试音，以保证稳定。

　　在李宗盛给 New Balance 拍的宣传片《致匠心》中，李宗盛说："一辈子

总是要被一些善意执念推着往前，我们因此愿意听从内心的声音。"从李宗盛的身上，我们看到了一个吉他匠人对自己的作品的重视与坚守。李宗盛用现世的心，做着出世的事，不仅是一个乐坛大哥，还是一个用自己的工匠精神坚守作品的吉他匠人。

工匠精神，指的是工匠对自己的产品的精雕细琢、精益求精的精神理念。工匠精神既是一种技能，也是一种精神品质，代表着一个时代的气质：坚定、踏实、敬业和精益求精。如何在"快时代"下让自己慢下来，坚守自己的岗位，是每一个有志者需要思考的话题。我们只有在自己的工作中注入更多的工匠精神，才能做出精品，在自己的工作领域有所建树。

在工作中注入工匠精神，就要让自己具备一流工匠的素质。通过对一流匠人的观察分析可以看出，一流的匠人，通常具备几种非常突出的素质。例如，对自己的工作有着坚定的信仰；具备精湛的技艺；敬业；具有责任感；对待工作非常专注、严谨；执着；善于与他人合作；除此之外，一流匠人一定具有强大的创新能力，也正是因为其强大的创新能力，才让其能够不断创造出经典作品。

所以，我们要获得成功，就要在工作中注入工匠精神；而要在工作中注入工匠精神，就要向一流匠人学习，让自己具备一流匠人所具备的素质。通过工作中的不断努力，让自己朝着成功一步一步迈进。

Contents

目　录

1

信仰：守一种精神，做一世匠人

信仰，是一个人前进的不竭动力。工作中，匠人与员工最大的、最根本的不同，就是员工把工作当成自己谋生的手段，而匠人却将工作当成了自己的信仰。将工作当成自己的信仰，才能对工作保持持续的热情，才能在工作中时刻保持动力，不断精进。所以，想要成为一名匠人，首先要将工作当成自己的信仰，把对工作的信仰刻入骨子里。

1.1
把工作当成一种使命

很多人在职场上打拼数年，对于枯燥乏味、钩心斗角的职场早已厌倦，工作没有动力，每天似乎只是在混日子。实际上，这样的工作状态是非常危险的，这样的想法一旦出现，就会容易降低工作热情，想要在工作中取得成绩就难上加难。而如果能够将工作当成一种幸福的使命，在工作中面对所存在的种种问题就会豁然开朗。你会发现，工作其实并没有你想象中那么差劲，枯燥的工作中也有亮点。爱上自己的工作，将工作当成自己的使命，是成为匠人的第一步。

停止抱怨，工作不是一件苦差事

职场中，每天开开心心地乐于工作的人很少，而每天抱怨工作中的各种不如意却是大部分人工作的常态，这也就是为什么有的人可以在工作中不断取得进步，而有的人却停滞不前的原因。

小张和小刘是同一时间进入公司的两名职员，但是在三年之后两个人的境遇却完全不同。小张对工作总是保持着热情，将工作当成自己的使命，在工作中积极进取、从不懈怠。由于在工作中不断取得成绩，使得上级给了小张很多培训机会。通过参加各种各样的培训，小张在自己的工作领域中不断进步，并且在三年之内职位升了两级。反观小刘，小刘在工作中总是抱怨，有任何机会都抓不住。由于在工作中不努力，没有什么工作业绩，并且其负面情绪还影响了其他的员工，使得上级正在考虑辞退小刘。

小张和小刘是职场中两种形态的缩影。匠人之所以是匠人，就是将工作当成自己的使命，匠人从不抱怨。只有停止抱怨，才能在工作中不断取得进步，直至成为匠人。

找到工作中的亮点与乐趣

把工作当成一种使命，就要发自内心地爱上自己的这份工作，就要对工作时刻保持热情，而促进员工对工作保持热情的重要方法就是学会寻找工作中的亮点与乐趣。当你能够发现工作中的亮点与乐趣，不再感觉工作枯燥无味的时候，爱上自己的工作，让工作成为自己的使命，工作就成为了顺理成章的事情。

小李是一名设计师，在工作中，小李总能找到乐趣，所以小李对工作总是具有持续的热情。在每一次设计出既实用又极具创业的产品后，小李都会有前所未有的成就感。小李认为自己的工作非常有意义，正是因为设计师的不断创造，才一步一步地改变了人们的生活，设计与创意推动着世界前进。也正是因为能够发现工作所存在的亮点与乐趣，才让小李不仅没有因为长时间的工作而感到乏味，还越来越热爱自己的工作。小李将自己的工作当成了自己的使命，以至于不论是在工作时间，还是在业余时间，小李都会不断学习相关的专业知识，让自己不断进步。小李也在这一过程中，逐渐拉近了自己与匠人的距离。

要想寻找工作中的亮点，可按照以下三点进行，如图1-1所示。

工作中具有主动精神

很多员工在工作中并不具备主动精神，任何工作都是等到命令下来之后才不情愿地去做，在工作过程中，能拖则拖。实际上，这样的状态是非常不利于在工作中取得进步的。如果对于工作没有一个积极主动的精神，那么进步与学习就无从谈起，想要在工作中取得成就就成了天方夜谭。

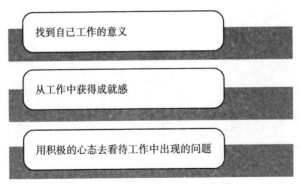

图 1-1　如何寻找工作中的亮点

　　在工作中具有主动精神，虽然在短时间内不会给自己带来明显的好处，但却能够对我们的工作产生深刻的影响。主动工作促使我们养成每天多做一点事的好习惯，把额外分配的工作看作一种机遇。即使在极其平凡的岗位上，主动工作往往会给我们带来极大的机会。主动工作使我们不仅想到必须为公司做什么，更多的是想到能够为公司做什么。当主动工作意识深植于我们脑海里，做起事来就会积极主动，并从中体会到快乐，从而获得更多的经验和取得更大的成就。

　　所以，在工作中一定要有主动精神，主动完成自己的工作，主动发现工作中存在的问题，主动学习以弥补自己的不足之处。通过这样的积极主动的工作，能够让自己更快地获得进步。在工作中具有主动精神，将工作当成自己的使命，能够让自己朝着匠人的目标不断迈进。

1.2
有情怀的工作才是事业

工作与事业不同。工作，通常指的是进行劳动生产以获得利益的过程；事业，指的是人们所从事的具有一定的工作目标、规模和系统的对社会发展有一定影响的经济活动，也可以指个人的成就。做工作的人，通常会感觉到厌倦，总是希望能够尽快结束工作；而做事业的人，则通常会感觉到兴奋，能够从做事业的过程中获得个人的成就感，总是希望能够用尽一生的时间做自己的事业。有情怀的工作才是事业。而把工作当成事业，也是工匠精神的核心内容。只有将情怀注入到工作中，才能把工作当成自己一生的事业，并为之倾注自己全部的心血。

做自己真正喜爱的工作

兴趣，是影响一个人做事动力的一个重要因素。所以，要让自己的工作中有一些情怀，首先就要做自己喜爱的工作。如果所做的是自己不喜欢的工作，对其没有兴趣，那么工作的过程中，不但不会有情怀，甚至还会感觉到痛苦。在这样的情况下，是无法将自己的工作当成自己的事业的，也绝对无法为自己的工作奋斗一生。而如果所做的工作是自己喜欢的，对自己的工作具有浓厚的兴趣，则非常有可能将自己的工作当成自己奋斗一生的事业。也只有喜爱自己的工作，才能在工作中注入一些情怀。所以，做自己真正喜爱的工作，是把工作当成事业，在工作中发挥工匠精神的前提。选择自己喜爱的工作，是事业成功的第一步。

约翰是一名大学毕业生，大学毕业之后，约翰并不知道自己适合做什么样的工作，为了生计，约翰选择了做一名普通的银行职员。但是，在工作中，约翰越来越发现自己对银行的工作并没有兴趣，自己并不喜欢银行的工作。因此每天在工作时他都心不在焉，把工作当成了自己的一种负担。每当约翰静下心来思考的时候，约翰总会发现，虽然银行这份工作的工资并不低，但是自己却对这份工作没有兴趣。自己更喜欢做一名社区工作者，因为那样的工作不仅能够帮助他人，还能够因此受到他人的赞扬。

所以，约翰经过慎重的考虑之后，辞去了银行的工作，转身成为了一名社区工作者。成为一名社区工作者之后，约翰开始对工作变得异常投入。约翰在工作中，总是全心全意地为社区居民解决困难，其才华也得到了充分发挥。约翰真正将社区工作当成了自己的事业在做。也正是因为约翰的坚持与努力，使其在十年之后，当选为州议员，在工作中获得了更大的平台和发展空间。

从约翰的例子中，我们可以看出，选择一份自己真正喜欢的工作，才能够对工作抱有热情，才能在工作中注入情怀，把工作当成自己奋斗一生的事业。所以，要将自己的工作当成自己的事业，首先要选择一份自己真正喜爱的工作。

认同自己的工作价值，并获得成就感

在自己的工作中注入情怀，就需要认同自己工作的价值，并且能够从工作中获得一定的成就感。对自己的工作价值有没有高度的认同感，以及能否从工作中获得成就感，是工作与事业的另一个明显的区别。如果仅仅是一份工作的话，那么更多的只是一种谋生的手段，对于自己所做的工作并没有认同感，也无法从工作中获得成就感，以至于逐渐把工作当成了自己的一种负担。而如果能够认同自己的工作价值，并且能够从中获得一定的成就感的话，就远远超出了谋生手段的范围，可以在工作中加入自己的追求和理想，真正把自己的工作当成自己的事业。

张先生是一名剧场管理人员，在演出行业，一做就是十几年。剧场管理工作非常烦琐，不仅要安排节目，进行市场宣传，还要进行票务营销。这些琐碎的工作都是在演出前或者平常工作日。常常当别人在休息的时候，张先生还在忙工作。而面对辛苦的工作，张先生之所以能够坚持十几年，就是因为张先生能够发现自己工作的价值，并从工作中获得成就感。张先生认为，一个演出项目从最早的策划、运作、营销，直至演出结束，整个演出项目的运作过程看似很煎熬，但当其浓缩到演出的两个小时后，看着精彩的演出，就会感觉自己非常有成就感。也正因为这样，张先生才能够把工作当成自己的事业，真正为自己的工作在付出。

工作要不忘初心，怀揣梦想

要把自己的工作当成自己奋斗一生的事业，在工作中不忘初心，怀揣梦想。大部分人对工作没有热情，一个主要的原因就是认为自己的工作与自己的梦想无关，甚至是工作阻碍了自己完成梦想，所以在工作中充满了抱怨，把工作当成了一种负累。而如果能够把自己的梦想寄托在自己的工作上，那么在精神方面，就做好了成为一名工匠的准备。当一个人将工作与梦想有机结合在一起时，就能够不自觉地在工作中投入最大的热情和努力，因为完成工作实际上就是在完成自己的梦想。通过这样的方式，在工作中，梦想就会成为我们前进的指路明灯，我们也会因为梦想而彻底爱上自己的工作，把工作当成自己的事业。

当把工作当成自己的事业时，就不会再把工作当成一种负担，在工作中就会更加充满激情，不会计较个人的得失；当在工作中融入自己的梦想时，即使面对困难，也会充满战胜困难的勇气与决心，不会被困难打倒。也只有这样，才能发挥工匠精神，在自己的工作领域成为一名一流的匠人。

1.3
明确你要达到的高度

目标，对于完成一件工作具有非常重要的指导作用。在做一件事情的过程中，如果缺乏清晰明确的目标，就会容易淡化最初的目标，努力的方向产生偏移，不利于目标的实现。有了清晰明确的目标，做事就会更加有计划性，也会更加有效率，更加积极。所以，要想在自己的工作领域取得一定的成绩，成为一名真正的匠人，就要为自己设定明确的职业生涯目标，明确你要在自己的工作领域中所到达的高度。只有明确自己的工作目标与努力方向，之后的工作计划才会更加明确。

职业生涯目标对于职业发展具有重要意义

职业生涯目标，指的是一个人在自己的工作领域中，在未来的时间点上所要达到的具体目标。制定职业生涯目标，有利于给日复一日的工作提供持续不断的工作动力，直至取得最终的成功。

美国耶鲁大学曾经对其学校的应届毕业生进行了一项关于目标的调查。调查人员针对参与调查的学生提问"你们有目标吗？"在所有参加调查的应届毕业生之中，有10%的学生确认他们有目标。调查人员接着问了第二个问题："如果你们有目标，能够将你们的目标具体化，然后写下来吗？"最终，只有4%的学生明确了自己的工作目标，并将目标写了下来。

20年后，事实证明，当年具有明确的职业生涯目标并能将其写下来的学生，在工作中取得的成就远远超越了那些没有目标的同龄人。具有明确的职业生涯目标的 4% 的人群所拥有的财富居然超过了另外 96% 的学生的总和。

从这个案例中，我们可以看出，职业生涯目标对于一个人职业生涯的重要性。

通常，职业生涯目标主要包括以下四个方面，如图 1-2 所示。

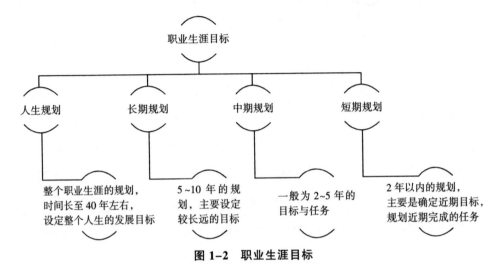

图 1-2　职业生涯目标

短期目标、中期目标与长期目标都各有不同的要求。

短期目标所代表的是在近期一段时间之内的工作目标，对当下工作的指导意义最为直接。所以，短期目标的表述应该力求清晰、明确。在制定短期目标的过程中，要注意明确短期目标的具体完成时间，要保证短期目标的制定与实际情况相符合，与中长期目标相符合。

中期目标是在今后一段时期内的工作目标。与短期目标相比，中期目标实施的时间较长，需要付出的精力也更多。中期目标应该有比较明确的执行时间，能够根据外部条件的变化留有一定的调整空间。中期目标的制定应结合自己的志愿以及外部环境而制定，符合自己的价值观与兴趣点，结合实际，在未来的工作发展中可以做到有所创新，具有一定的挑战性。中期目标需要用较为明确的语言进行定量与定性说明。

长期目标应该与人生目标相融合，符合自身的职业规划与人生追求。

长期目标应该能够用明确的语言进行定性说明，有实现的可能性，相比中期目标，长期目标应该具有更大的挑战性。

制定清晰明确的职业生涯目标

要制定清晰明确的职业生涯目标，首先要明确职业生涯的不同阶段。在不同的职业生涯阶段中，需要做的工作不同，了解不同的职业生涯阶段，有助于更好地制定各个阶段的职业生涯目标。

总体来说，职业生涯阶段主要分为以下三个阶段，如图 1-3 所示。

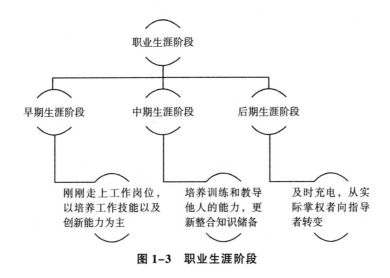

图 1-3　职业生涯阶段

制定职业生涯目标，应该将自己的人生追求、兴趣爱好与工作团队的需求相结合。将两个方面相结合制定的职业生涯目标，不仅能够实现个人的发展与进步，还能为团队的发展贡献出自己的力量。制定职业生涯目标，可以与工作团队共同制定。

制定职业生涯目标，大致可以按照四个步骤进行。

步骤一：自我评价。在这一阶段，要针对自己的兴趣爱好、价值观、资质以及行为取向进行一个完整的、全面的分析。深刻了解自己的兴趣点以及志向，并结合当前的现实条件，了解自己的职业愿景与当前所处的环境以及自身可以获得的资源是否匹配。通过自我评价，能够全面地了解自己的需求，为之后的职业生涯目标的确定打下良好的基础。

步骤二：现实审查。这一阶段需要个人与团队共同进行。在这一过程中，可以将自己所确定的大体的职业愿景与团队进行商讨，明确自己的职业愿景是否与团队的整体发展相匹配，以及在实现自己的职业生涯目标的过程中，自己需要承担的责任以及需要完成的工作，还有团队整体在帮助员工实现个人的职业生涯目标时所需要承担的责任以及可以提供的帮助等。

步骤三：目标设定。与团队商讨过后，就应该确定自己的职业生涯目标。在这一过程中，需要确定自己的短期职业生涯目标、中期职业生涯目标以及长期职业生涯目标。确保所设定的职业生涯目标与自己的职业规划，以及团队整体的工作需求相一致，为之后工作的有序开展提供保障。

步骤四：行动规划。制定职业生涯目标之后，还需要制定具体的实施方案，即通过什么样的方式才能够达成自己的短期、中期以及长期职业生涯目标。在这一过程中，需要确定具体的工作计划以及工作时间，完成自己的工作时间表。而团队也需要明确帮助员工达成目标时可以提供的资源，其中包括工作机会以及培训机会等。

在设定职业生涯目标时，应该遵循 SMART（目标管理原则）原则，如图 1-4 所示。

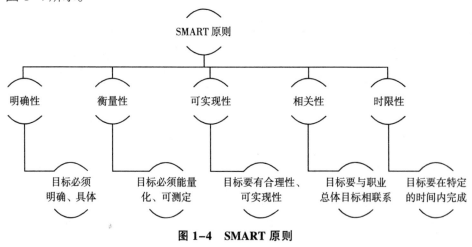

图 1-4　SMART 原则

1.4
在你的领域不断精进

要想在工作中获得成就，在选定了自己的工作领域，并明确了自己的职业生涯目标之后，就要在自己的工作领域中不断精进，以获得持续的进步，直至成功。任何人所取得的成就都是依靠脚踏实地的努力以及辛勤的汗水换来的，只有在工作中不断努力，才能真正获得成功。所以，在明确了自己的工作领域以及工作目标之后，就要通过一定的方法让自己能够在工作中不断获得进步。

在工作中进行刻意的练习

要想在自己的工作领域中能够不断精进，以获得持续的进步，就要学会在工作中进行刻意的练习。所谓刻意的练习，指的是在完成工作的过程中，有意识地寻找自己在工作中存在的不足之处，以及本次工作较之前的工作有了哪些进步等。通过这样的有意识的练习，能够让自己时刻了解工作的情况，以便及时做出调整。

大部分人对于工作，都没有做到刻意地练习，很多工作都是在无意识的状态下完成的。小刘是一个销售员，在工作中，小刘总是希望能够在工作中不断提升自己的工作能力，不断精进。但是，小刘在工作中却没有做到刻意的练习。由于工作流程较为固定，所以，小刘在工作中基本上只是进入了无意识的工作状态，按照工作流程完成工作，却没有在工作中反思并调整自己的工作状态。例如，小刘在与客户进行电话沟通时，只是按照固定的工作流程：拿起电话，告知客户需求和报价。在这一过程中，小刘几乎没有用心，只是机械地完成工作流程，自然无法找到自己在工作中的不足之处，精进也就无从谈起。

而如果小刘能够在工作中进行刻意的练习，减少这样的无意识的机械的工作状态，对于实现工作中的进步则会有很大的帮助。例如，当小刘在拿起客户的电话时，不再机械地完成工作步骤，而是首先思考自己上一次在与客户沟通时有没有什么做得不好的地方，是不是自己的表达逻辑出现了问题，致使客户半天都不知道自己在说什么；或者，是不是上次在与客户沟通的过程中，曾经遗漏了细节，导致客户的理解不全面。通过这样的反思，小刘就可以在每次的工作中发现自己的不足，从而在下一次的工作中进行改正。通过这样的方式，不断调整自己的工作方式，使自己在工作中不断精进。

要在工作中进行刻意的练习，主要可以通过以下方式实现，如图 1-5 所示。

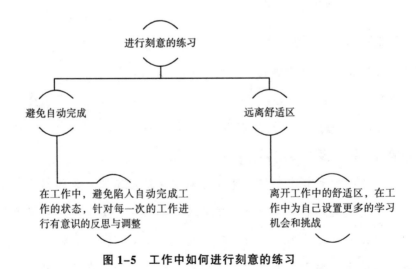

图 1-5　工作中如何进行刻意的练习

利用 PDCA 循环不断修正工作行为

PDCA 循环由美国质量管理专家戴明博士提出，所以又被称为戴明环。PDCA 循环是进行全面质量管理所需要遵循的科学程序，如图 1-6 所示。

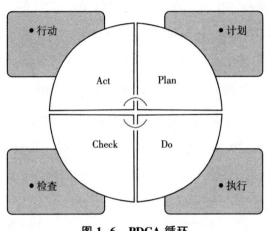

图 1-6 PDCA 循环

PDCA 循环中所包含的程序，通过不断的循环，能够有效寻找到工作中存在的问题。通过发现问题、解决问题这样的循环，能够持续不断地修正工作中的不足之处，从而在自己的工作领域中不断实现精进。

PDCA 循环在工作中的循环方式大致为：首先，确定工作方式、工作目标以及具体的工作计划，将工作计划运用到实际的工作中。当工作完成之后，对工作的完成情况进行总结，分析在工作中取得的成绩以及暴露出来的问题。其次，对检查出的结果进行处理，对于工作中的成功经验，可以加以肯定，在之后的工作中做标准化处理，而对于工作中出现的问题，要有针对性地制定解决方式，并将所制订的工作计划运用于下一个 PDCA 循环之中。

小周是一名活动策划，对于工作，小周非常认真负责，希望通过自己的努力在工作中获得进步。小周在工作中经常利用 PDCA 循环对自己的工作进行检验和调整。一次，小周针对一项活动进行策划实施，制订了详细的工作计划，然后将工作计划落实在实际的工作中。当工作完成之后，小周对工作进行分析总结。在进行工作总结时，小周发现，自己在工作中由于没有事先对可能发生的突发情况预先制定工作方案，导致出现了突发情况之后，自己手忙脚乱，以至于最后延迟了活动时间。

通过 PDCA 循环，小周发现了自己的问题，对于这个问题，小周为自己制订了新的工作计划：在制定工作策划方案时，要预先设想可能发生的突发情况。针对可能发生的突发情况预先制定应对方案。在重新制订了工作计划之后，小周将新的工作计划放进了又一个 PDCA 循环。通过这样的方式，小周不断发现自己在工作中的问题，并针对出现的问题制定了相应的解决方案。通过 PDCA 循环，小周在工作中实现了持续的精进。

PDCA 循环在实施的过程中，具有一些鲜明的特点，如图 1-7 所示。

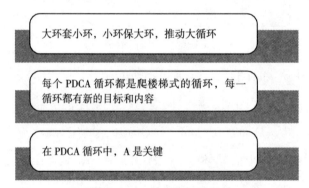

图 1-7　PDCA 循环的特点

培养良好的工作习惯

要想在工作中获得不断的进步，就要培养自己良好的工作习惯。当良好的习惯贯穿于我们的工作时，工作中的良性运转就成为了可能，想要在工作中取得持续的进步也就成为了必然，而不用花费大量的精力实现进步。在工作中，需要培养的良好的工作习惯主要包括以下几种。

习惯一：制定明确的工作目标，并且马上制订工作计划，然后付诸行动。工作中，首先需要的一个良好习惯就是强大的执行力。机会转瞬即逝，在确定工作目标之后，要马上制订工作计划，并付诸行动。通过这样的方式，让自己不断取得进步。

习惯二：不断学习新知识，为自己充电。这是一个知识爆炸的时代，知识处于快速的更新迭代中，如果只是守着固有的知识，而不学习新知识，那么就无法在工作中取得持续的进步，甚至会面临被淘汰的危机。

习惯三：每天利用一定的时间进行自省。自省，对于一个人的进步具有非常重要的作用，如果只是顾着前进，而不对自己的工作进行反思，那么就无法发现自己在工作中存在的问题，也就无法改正。这样的努力对自己的进步起不到任何实质性的作用。所以，每天要利用一定的时间进行自省，发现并改正工作中存在的问题。

1.5
别让"赚钱"毁掉你的梦想

曾经有一项员工调查表明，在参与调查的员工之中，其中28%的员工对待工作是有目标的，其进行工作的主要目标是实现个人成就以及服务他人；而另外72%的员工其工作驱动力为赚钱。但是调查结果表明，28%的目标驱动型员工所挣的钱并不比其余72%的金钱驱动型的员工少，28%的目标驱动型员工在工作中更易获得成就感，拥有更加广阔的发展空间。

很多人认为自己工作的唯一目标就是赚钱。实际上，赚钱并不是工作的唯一目标，工作能够给一个人所带来的，也绝对不仅仅只有糊口。工作，除了赚钱，还能够给我们带来很多乐趣，帮助我们实现人生的价值，让我们的生活变得更加有意义。如果只是把赚钱作为自己工作的唯一目标，那么就会在无形中失去很多东西。如果将赚钱作为自己工作的唯一目的，在职业生涯中，是无法获得成就的。赚钱不是工作的唯一目的，别让赚钱毁掉你的梦想。

别因为眼前的利益放弃了长远发展

职场中，不乏"这山望着那山高"的人。这些人将赚钱作为自己工作的唯一目的，不论自己在现有的工作岗位上所做出的工作成绩如何，一旦出现其他薪酬更高的工作机会，这些人就会放弃现有的工作，而转投高薪酬的工作。追求高薪酬并没有错，但是，在这一过程中，一定要注意不要因为贪恋眼前的利益而放弃了自己长远的发展。一个人在工作中，只有能够实现长远的发展，才能够获得最终的成功，这也是工作中所追求的最终目标。一旦因为眼前的短期利益而放弃了具有长远发展的工作，就会得不偿失。

李莉刚刚大学毕业的时候，对于自己要从事什么类型的工作并没有特别明确的想法。李莉唯一的工作方向就是向"钱"看。在之后工作的三四年中，李莉几乎每年都会换一份工作。每次，只要有能够赚到更多钱的工作机会，李莉总会毫不犹豫地辞掉当前的工作，却并不顾及工作是否适合自己，自己是否能够在那一工作领域中有良好、长远的发展。通过不断的跳槽，李莉做过销售、编辑以及培训等多个行业的工作，虽然赚到了一些小钱，但是当李莉静下心来总结自己三四年的工作时，却发现自己一事无成。自己在哪一个领域都没有做出显著的成绩，始终是一个可有可无的人。而李莉的一些同学，在确定了适合自己的工作之后，便一直安心在一个工作岗位上工作，并且由于工作努力，已经做到了经理级的职位，有了更好的发展。虽然前期挣的钱并不如李莉多，但由于后期发展较好，工作收益都很可观。李莉追悔莫及。

从李莉的案例中我们可以看出，在工作中，千万不要因为眼前的短期利益而放弃了长远发展。而在这一过程中，还要学会辨别什么情况下能够放弃自己当前的工作而追求高薪工作机会，什么情况下不可以，如图1-8所示。

注意提升个人能力，经营职场竞争优势

工作能够给一个人带来的好处并不只是经济上的利益，还有在工作中通过锻炼而实现的个人发展。一个人要在职场中获得持续的竞争力，就要注意不断提升自己的个人能力。也只有不断提升个人能力，才能保证自己在竞争激烈的职场中，始终立于不败之地。通过这样的方式，才能获得最终的成功。如果仅仅把赚钱作为自己工作的唯一目标，而不注意个人能力

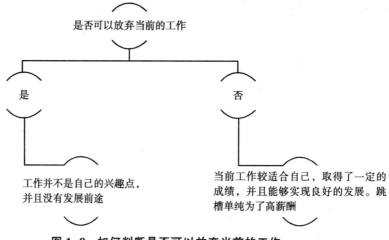

是否可以放弃当前的工作

是

否

工作并不是自己的兴趣点，并且没有发展前途

当前工作较适合自己，取得了一定的成绩，并且能够实现良好的发展。跳槽单纯为了高薪酬

图1-8　如何判断是否可以放弃当前的工作

的提升，那么则只能获得眼前的短期利益，一旦出现能力更强的竞争对手，则会马上被替代。只有在工作中不断提升个人能力，才能不断实现个人增值，在职场中立于不败之地，获得最终的成功。

简在一家外企工作。在工作中，简非常注意不断学习，汲取他人的优点，以实现个人工作能力的提升。在其他同事都因为升职加薪而绞尽脑汁讨好上司的时候，简并没有随波逐流，而是把更多的精力放在了工作上，不断提升自己的工作业绩。也正因为这样，简的工作能力得到了明显的提升，公司在晋升人员时，把简排在了晋升名单中的第一位，简在工作领域获得了不断的发展。而那些为了升职加薪而讨好上司的员工，不但没有如愿升职加薪，还浪费了大量宝贵的工作时间，个人的工作能力也没有得到提升。

工作能够带给我们最宝贵的东西不是金钱，而是通过工作不断得到提升的个人能力。而个人的工作能力也是自己在职场中的核心竞争力。所以，在工作中，不要总是想着如何快速赚钱，而应该把更多的精力放在提升个人能力方面。只有这样，才能获得更加长远的发展。

通过工作贡献自己的价值

一个人如果只是将赚钱作为自己工作的唯一目标，那么人生就会变得索然无味。金钱并不等同于幸福。一个人要感觉到幸福感、满足感，还要通过工作贡献自己的价值，以获得他人的认同。通过这样的方式，不仅能够帮助他人，为他人和社会做出自己的贡献，还能够在这一过程中发现自己更多的人生价值，让工作变得更加有意义。这样的工作才是完整的，如果仅仅把赚钱作为工作的唯一目标，工作就只是一件赚钱的工具，也就无法从工作中实现自己的价值，收获更多的乐趣。

李林是一名幼儿教师。在李林的同事之中，很多人都会经常抱怨，幼师的工作挣钱少、责任大，每天想着如何寻找待遇更好的工作，赶快摆脱幼师这份工作。而实际上，这些抱怨的人大多数仍然在做着幼师的工作，每天抱怨，既不能在工作中获得成就感，又不能在工作中取得一定的成绩，而李林却认为赚钱不是工作的唯一目标。李林认为自己的工作非常有意义。通过教育幼儿，帮助祖国的花朵茁壮成长，是一件非常有意义的工作。李林还经常利用业余时间学习相关的知识，由于能力突出，李林在工作中获得了很好的发展。

2

专业：精湛技艺是匠人立足之本

　　匠人的一个最明显的特质就是具有精湛的技艺，精湛技艺是匠人的立足之本。匠人们通常在自己的工作领域中拥有最精湛的、其他人远远无法企及的技艺，这是让匠人们"封神"的重要筹码，也是匠人与普通员工最明显的区别。所以，要想成为一名匠人，就要有精湛的技艺傍身，让自己的技艺成为行业之最，让其他人对自己的精湛技艺心生敬佩。

2.1
选择自己最擅长的工作

　　一个人想要拥有精湛的技艺，是以其做自己所擅长的工作为基础的。如果你天生对一项工作没有能力，即使经过成千上万次的练习，同样仍然无法成为行业之最。要练就精湛的技艺，首先要选对工作，在自己擅长的领域不断努力，才能够获得成功。对于工作来说，不了解自己的长处而埋头做事是对自己最大的资源浪费。明确自身的优势技能，扬长避短，选择在自己擅长的领域从事最优势的工作，才能练就最精湛的技艺。

知道自己的优势在哪里

　　研究表明，一个人如果在与其才能不对口的岗位上工作，其才能将有30%被无形吞没，甚至会一事无成，阻碍事业的进步。一个人如果在选择工作时，准确挑选到自己最擅长的工作，要以明确自己的优势为前提。只有清楚地知道自己的优势在哪里，才能针对自己的优势选择相关的工作，这样选择出来的工作才有可能是擅长的。在明确自己优势的过程中，要充分地认识自己，了解自己，通过对自己形成一个整体的认知，从而逐渐清晰自己的优势所在。在充分了解自己的时候，可以从以下几个方面了解自己，如图 2-1 所示。

　　在确定自己的优势时，要充分考虑以上几个方面，对自己的优势形成一个清楚的认知，以便在选择工作时，围绕自己的优势展开。只有找到自己的长处，有一个合理的人生规划和职业定位，找出一条适合自己的发展

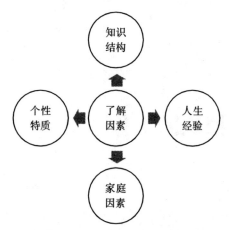

图 2-1　充分了解自己的过程中需要了解的因素

道路，把精力放在自己最擅长的事情上，才能做成事。

明确自己的劣势是什么

一个人做事不仅要认识自己的优点，更重要的是能认识自身的弱点和个性局限，并对自己的弱点有自控能力，能采取相应的办法，克服缺点，扬长避短，才能真正获得成功。要想准确选择自己最擅长的工作，就要明确自己的劣势，在之后选择工作的过程中，很好地避开自己的劣势。在知道自己最不擅长什么事情、什么事情自己不能做之后，才能准确选择自己擅长的工作。总体来说，明确自己能做什么和明确自己不能做什么同样重要，都是之后选择过程中的重要参考依据。

正如那些有经验的花匠在玫瑰含苞欲放时，总会剪掉它周围的花骨朵。只有"剪掉"不适合自己干的事情，才能为自己留一个适合自己发展的空间，把全部的精力集中在一件事情上，否则，若保留这些枝条，那么肯定会极大地影响将来的总收成。在选择自己擅长的工作过程中，如果能够将那些自己不擅长的全部排除掉，就在之后的选择中给自己留下了更多的空间。

清楚自己的专业知识是什么

如果想要做好一项工作，那么一定的专业知识是必需的。如果没有专业知识，而只有兴趣，是无法真正做好一项工作的。所以，在选择自己所擅长的工作时，要清楚自己的专业知识是什么。

海尔的董事长张瑞敏在接任海尔之前，已经研读了大量的关于企业管理方面的书籍，对企业各个方面的管理事务都进行了系统的学习，拥有大量的、系统的专业知识。也正是因为自身拥有专业知识，张瑞敏在上任之后，才能够从国外引进先进的生产线和生产技术，不仅提升了海尔的产品质量，还大大提升了海尔的品牌知名度。如果张瑞敏在接任海尔时，没有系统学习相关的专业知识，而是只凭借自己的一腔热情，是无法真正掌控局面、帮助海尔实现成功的。

由海尔董事长张瑞敏的案例，我们可以看出，专业知识对于工作取得成功的重要性。在选择自己所擅长的工作时，一定要明确自己所具备的专业知识是什么。以所具备的专业知识为基础，在工作中能够更加得心应手，更加容易取得成功。

由上文我们可以了解到，在选择自己擅长的工作时，所需要考虑的因素。但是，要想真正达到选择自己所擅长的工作目的，还要在认识自己的过程中做到客观。既不能自负，又不能过于自卑。

很多人在认识自我的过程中非常自负。认为自己在任何方面都非常优秀，对于任何工作都能够把控。以至于在认识自己的过程中不客观，高估自己，而在做自己所选择的工作时，则出现了能力不够的问题，让自己在工作中感觉到压力非常大。这样的情况，是非常不利于自己成长的。

与自负相反，有些人在认识自己的过程中过于自卑，同样导致不能客观地认识自己。总是认为自己什么都做不了，能力不够，以至于选择了工作要求远远低于自己能力水平的工作。这样的行为实质上是在浪费自己的能力与才华。由于所选择的工作不能很好地将自己的才能发挥出来，导致自己的才能被埋没，也就无法实现成功。

2.2
正视自己的"不完美"

世界上没有任何一个人是完美无缺的，每个人都存在这样或那样的缺点。工作中也是同样的道理，即使技艺再精湛的老匠人，也不可能不出现差错。而匠人与普通员工的区别，就是对待自己工作中"不完美"的态度不同，普通员工出现问题遮遮掩掩、骗人骗己，而真正的匠人敢于正视自己的"不完美"，并能够从中完善自己，让自己逐渐趋于"完美"。正视自己的"不完美"，是成为匠人的必经之路。

学习舞蹈最讲究的就是脚法。一个学习舞蹈的小女孩，由于舞步较难，在经过了无数次练习之后才勉强将舞步大致记住，但是在真正跳舞的过程中，仍然不合格。小女孩在台上跳舞的过程中，总是想要尽量掩饰自己舞步方面的不足，因此，她总是紧张地盯住自己的脚，生怕在某一环节跳错，被别人发现。殊不知，正是由于她过于紧张，跳舞时一直低头看脚，使其在跳舞的过程中非常不自然，观众便也总是盯住她的脚。

老师发现了问题，建议她正视自己的问题，全身放松。小女孩便按照老师说的，将注意力转移，伴着音乐的节拍，面带微笑，抬头挺胸，果然，整体效果马上就不一样了，而对于她本人，以前宛如芒刺在背的几分钟的舞，现在感觉是越跳越舒服。

每个人都有自己的不足之处，如果对于自身的不足过于在意，一味地遮掩，结果往往适得其反；而如果能够正视这些缺点，用积极的心态去面对，改正与学习反而变得容易起来。

不怕犯错，但要正视

要正视自己的"不完美"，首先要确定的一点就是每个人都会犯错，每个人都有可能犯错，即使在工作中出现了失误，也不是不可饶恕的事情。很多员工在工作中很怕自己出现失误，认为只要自己在工作中出现了失误，或者是有一项工作完成得不完美，就证明自己的工作能力有问题，就会被同事和员工看不起。所以，当工作中出现失误后，就会想尽办法遮掩自己的失误。

小刘是一名技术员，平时对自己的要求非常高，小刘认为自己通过不懈的努力一定能够做到行业顶尖，成为一名工匠。但是在一次工作中，小刘在数据方面出现了小小的失误，本来如果能够马上与其他部门联系，这一失误是完全可以纠正过来的。但是，小刘不想承认自己在工作中出现了失误，认为如果主动承认是自己的失误，就会影响自己在同事眼中的形象，所以选择了将失误隐瞒。殊不知，就是因为小刘这样隐瞒，给之后的工作造成了很大的影响，给公司造成了不可挽回的损失。经过公司的调查，认为小刘要对这次事故负主要责任，最终决定将小刘辞退。

由小刘的案例我们可以发现，犯错并不是一件不可饶恕的事情，而如果不能正视自己的失误，在犯错之后还一味地进行隐瞒，就是重大的错误。如果小刘能够正视自己的问题，在发现失误之后，及时与其他部门协调，就不会给公司造成不可挽回的损失，也就不会断送了自己的前程。所以，正视自己的不完美，就要敢于面对自己的失误。

从不完美中学着完美

任何精湛的技艺与成功都不是一蹴而就的，每一位成功的匠人都是经过无数次失败与失误，在失误中不断调整自己、完善自己才获得最终的成功的。工匠精神，就是要正视自己的问题，并在每一次问题中让自己成长。

如果在工作中出现失误后就一蹶不振，那么就注定不能在工作中取得成功。

每一次在工作中出现失误或者问题时，不妨转变一下自己的心态，用积极的心态面对失误。如果没有在工作中出现这些失误，就无法知道自己的不足，也就无法知道自己需要朝着什么方向努力。在出现失误的时候，不要只顾着埋怨自己，也不要只想着怎样将自己的失误掩盖，而是要正视每一次的失误，从中寻找出现失误的原因，找到自己的不足，然后有针对性地完善自己的技艺。只有这样，才能通过自己的不完美，让自己的技艺逐渐趋于完美。

接受他人的意见

很多人在工作中，一旦被其他同事指出自己的问题后，便会恼羞成怒、心生怨恨，但这样无法正视别人指出自己失误的行为，却被有的人认为是有自尊的表现。殊不知，不能接受他人指出自己的问题，与自己的自尊完全没有任何的关系。如果真的要强，真的要自尊，那就接受来自多方的声音，既可以了解事情的不同角度，又能拓宽自己的知识面，还能增强自己的判断力。如果在别人给自己提出意见的时候，选择视而不见，甚至怨恨提出问题的人，那么不仅不能让自己进步，还会让自己越来越封闭，长此以往，即使有人发现了你的问题，也不会跟你提出来。

任何一个匠人，都一定是能够认真听取他人意见的，同时，这也是能够正视自己问题的表现。很多时候，我们由于过于主观，无法发现自身存在的问题。而如果别人能够指出自己的问题，就能够及时发现自己所存在的问题。

要想正视自己的不完美，需要做到的重要一点就是学会接受他人的意见。通过接受他人的意见，并及时改正自己所存在的问题，同样能够促进自己技能的进步。

2.3
让标准严苛到无可挑剔

对产品质量的评判标准不是合格，而是完美，这就是工匠精神。要发扬工匠精神，让自己成为一名匠人，就要在工作中坚持严格的标准。如果在工作中没有高标准，得过且过，则永远无法达到行业的顶峰。只有让工作标准严苛到无可挑剔，才能保证所生产出的每一个产品都是精品，才能真正做到工匠精神。

什么是标准

所谓标准，是用于比较的一种大家均可接受的基础或尺度。任何一项工作如果缺少了标准，就无法很好地进行下去。标准，对于任何一项工作都具有非常重要的意义。

（1）有利于明确工作目标。在工作中制定一定的工作标准，有利于明确整体的工作目标。根据工作标准，员工可以明确自己在工作中的努力方向，给员工提供一个非常清晰的工作目标。如果工作标准缺失，就会非常容易导致员工工作没有目标，所做的工作与公司的整体要求不相符合，不仅生产出来的产品不能符合公司的要求，还会给公司造成大量的人力和物力方面的资源浪费。

（2）有利于个人的发展。工作中有一定的工作标准，能够给员工的各项工作都提供一个参照物，员工在做每一项工作时，都可以以工作标准为依据，从而更加明确自己的工作目标。否则，长此以往，员工就会容易形成自满情绪，迷失自我。即使工作不达标，也不会从自身寻找问题，不利于员工发现自己的问题与个人的发展。

（3）有利于保证产品的质量。如果在进行产品生产时，各个产品都没有一定的生产标准，所生产出来的产品质量就会参差不齐。这样非常不利于保证产品的质量，反之亦然。

制定严苛的工作标准

要想在工作中发扬工匠精神，要想通过努力成为一名一流的匠人，就要给自己的工作制定严苛的工作标准。只有你的工作标准高于其他人，你的技艺才会不断进步，你所生产出来的产品质量才会远高于其他人。所以，制定严苛的工作标准，是由普通员工向一流匠人转变的一个必备的因素。这里的工作标准，不只是公司所提出的普遍适用的标准，还应该是自己对自身的要求，自己为自己所制定的标准，应该高于普遍的标准。制定严苛的工作标准，可以通过三个方面来实现。

（1）把握行业标准。在给自己制定工作标准的过程中，首先要充分了解自身行业的一些固定的标准。大部分行业对于产品的生产质量以及操作规范都有非常明确的标准，这是保证产品质量合格的基本。在为自己制定工作标准时，可以根据自身情况适当高出行业标准。

（2）明确工作目标。这里所说的工作目标包括公司整体的工作目标以及个人的工作目标。一流匠人不能仅仅只考虑自身的发展，还应考虑企业的整体发展，做到为企业负责。所以，在为自己制定工作标准时，要将两者有机结合，找到共同点，并以此为基础确定最终的工作目标。而最终所确定的工作目标，就是制定自己工作标准时的依据。

（3）确定工作标准。在充分了解了行业标准以及工作目标后，就要制定自己的工作标准。在制定自己的工作标准时，为了保证能够让自己更快地取得进步，生产出质量更好的产品，给自己所制定的工作标准应该以工作目标为出发点，制定时要求略高于行业内普遍的工作标准。只有将自己的工作标准设置得尽可能严格，在实际的工作中，对自己的要求才会更高，所生产的产品质量才会比其他员工的高，才能不断进步。当按照自己的工作标准，所生产出的每一件产品都是精品的时候，就真正成为了一名匠人。

严格遵守工作标准

如果给自己制定了工作标准却不运用在实际工作中，那么即使工作标注制定得再多，也都是无用的。要想真正提升自己的工作能力与工作质量，就要在实际工作中严格遵守所制定的工作标准，不能因为偷懒或者懈怠而放松了对自己的要求。

（1）要时时刻刻谨记自己的工作标准与工作要求。很多人即使在前期制定了很多工作标准，在最初的实际工作中也能严格遵守。但是，一旦工作时间久了，便会逐渐放松对自己的要求，所制定的工作标准也是一放再放，最终自己的工作质量还是无法得到提高。要想通过制定严格的工作标准真正提升自己的技艺以及工作能力，就要严格按照工作标准做事，避免由于时间长而放松了对自己的要求。

（2）工作标准应该在一定的阶段后进行适当的调整。由于自己技艺的提升，实际的工作标准也应该有相应的提升，这样才能保证对自己一直处于高标准、严要求的状态。如果工作标准一成不变，那么自己也只能取得阶段性的进步，而无法实现长足的发展。

2.4
通过反复练习打磨技艺

任何的成功都不是一蹴而就的，同样，任何卓越技能都不可能在短时间内获取。一项技能可能会在短时间内被学会，而这也仅仅是停留在"会"的阶段。如果想要学"精"，就要依赖长时间、高频率的反复练习。这也是普通员工与一流匠人之间的差别。一流匠人一定是在特定的领域拥有精湛技艺的。员工想要成为一流匠人，就要在工作中通过反复练习打磨自己的技艺，直至卓越。

日本刀，即日本的传统刀。日本刀作为武器的同时又以其优美造型而著称，很多名刀被当作艺术珍品收藏，并蕴含着武士之魂的含义。日本刀的价值取决于其"反"的部分，反越漂亮，价格就越高。而日本刀的加工，尤其是其"反"的部分的焠取，具有非常高的难度，需要有精湛的技艺才能制造出造型优美的日本刀。

日本刀匠人的加工技术并不是与生俱来的，而是依赖于反复练习形成的直觉与精湛技艺。在淬火加热的阶段，金属工具会收缩，刀刃侧面和背面金属的不同厚度导致不同的收缩程度，从而产生反。使用不同的淬火加热方式，形成的弯度完全不同。

在淬火加工时，由于金属工具的颜色会随着温度的变化而不断变化，所以匠人需要准确区分颜色；金属工具经过加热后，要被放入矿物油中进行淬火冷却。通过将金属工具加热至结晶排列整齐时立即进行冷却，可以提高金属工具的硬度。这一过程中如果不能很好地把握温度，金属工具就会像玻璃一样脆弱；淬火完成后，还需要进行再次淬火以增加金属工具的韧性，这一过程中完全依靠匠人的直觉。

普通的工人只是掌握了刀具加工的基本步骤，但是没有形成卓越的技艺，以致生产出的道具只是基本符合要求，却无法成为精品。而一流的日本刀匠人则通过长年累月的练习，逐渐掌握了打造刀具的诀窍。在每次淬火、烧制的过程中，形成了自己的直觉，使其能够准确判断每一道工序的程度，从而打造出精品。

打造日本刀的基本工序可以被复制，而匠人们通过长年累月的反复练习所获得的精湛技艺却无法被轻易复制。这也是匠人与员工在专业技能上的差别。

反复练习需要遵循"三F原则"

所谓"三F原则"，指的是专注（Focus）、反馈（Feedback）以及纠正（Fix it）。如果在练习中没有一定方法的话，即使进行不断的练习，技艺也无法得到明显的精进。只有掌握一定的方式方法，才能不断磨炼、精进自己的技艺。

通过"三F原则"，在练习的过程中做到专注，心无旁骛，最大限度地掌握并练习当前的技能；练习过后，还要对练习的结果进行总结与反馈，在反省中找到自己所存在的问题；明确了自己存在的问题后，就要寻找相应的解决办法予以纠正。通过这样不断的反复，达到精进自己技艺的目的。

（1）Focus：专注。在这个快节奏、高强度的时代，很多人在工作中都无法保持专注，而专注却正是保证工作质量与工作效率非常重要的因素。在练习中，如果无法保持专注，练习就无法达到最好的效果。很多实验的结果都证明，在练习中能够集中注意力的人比注意力不集中的人更加容易取得进步。在练习中，需要学会保持专注。

（2）Feedback：反馈。反馈是指对练习结果的反馈。练习完成后，如果不注意总结与反馈，就无法发现练习中存在的问题，那么练习本身也就失去了意义。在每次练习完成后，将练习的情况进行总结，发现自己的进步，以提升自己的积极性，给今后的工作增加一些信心；找到其中存在的问题，是进行练习的关键，发现自己的不足，才能不断进步。

（3）Fix it：纠正。纠正阶段就是要针对总结反馈过程中发现的问题，寻找合适的解决方法。这也是进行练习的最核心阶段。通过制定合适的解决方法，并将其运用到之后的工作中，就能够实现通过练习精进技艺的目的。

保持练习动机

对于大部分人来说，着手做一件事情并不难，真正难的是一直坚持做下去。通过反复练习打磨技艺的难点也在于此。在生活中，有很多人都曾经立志减肥、读书、学一种乐器等，想开始并不难，但是通常是一段时间后，要么被现实打击，要么是由于缺少时间，最终导致半途而废。这无疑是通过反复练习以提升技艺的过程中最大的障碍。而避免出现半途而废情况的关键，就是要在反复的练习过程中一直保持最初的动机。

一些能够长久坚持做一件事的人，并不是有异于常人的意志力，而是因为其在做事的过程中能够始终记得自己最初的目标，从而在想放弃的时候，可以通过目标对自己实现促进与鞭策。同样，在反复的练习过程中保持练习动机，在想要放弃时，能够强化继续前行的理由，或者是弱化停下的理由。

一些成功的人士，通常在坚持做一件事的过程中，持续保持最开始的做事动机，在自己的内心深处说服自己不要放弃；同时，他们还会通过制定清晰的规划，保证充足的睡眠与健康，以提供练习的能量，并把练习的时间控制在一个小时左右，避免一次性浪费过多的精力，以此来弱化停下的理由。

总之，要想通过反复练习打磨自己的技艺，就要学会坚持。保持一颗初心，在练习中利用对于自身进步的渴望与自我认同，增强自己坚持前进的理由，就能让自己在困难中不断坚持，以获得持续的进步。

2.5

不断吸收前沿知识，实现自我增值

要想拥有精湛的技艺，不断学习，吸收前沿知识是必需的。有研究表明，知识每过 3 年，其原有的价值就会减少 1/4，这也就意味着，如果我们不进行持续的学习，仅仅依靠自身已有的知识的话，总有一天会被淘汰。现今社会具有一个明显的特点，就是各类的知识量巨大，让人目不暇接，由于技术革新迅速，各个领域都是日新月异的，任何一项知识和技术都只有暂时性的意义。在这样的情况下，如果还是守着自己固有的经验，即使你的技艺非常精湛，那么总有一天也会被别人超越，被市场所淘汰。不断吸收前沿知识，将其运用在自己的技艺中，让自己的技艺不断更新，不断精进，实现自我增值，是现今社会每一个具有工匠梦想的人所必须做到的。

不主动学习只有被淘汰

职场如战场，如果你不主动学习新知识，为自己充电，那么你终将被职场所淘汰。英国著名的音乐家本杰明·布里顿曾经说过这样一句话："学习的过程，就是与逆流搏斗的过程。一旦你中断了学习，你就会被逆流冲到下游去。"这句话很好地展示了不进则退的职场状态。由于知识的迅速更新，相关研究表明，职场人的职场寿命正在不断缩短，如果不能实现自我的持续增值，那么将很快被职场所淘汰。

徐丽和张琳两个人的案例，很好地说明了如果不主动学习终究被职场所淘汰这一条定律。三年前，徐丽和张琳两个人同时被一家化妆品公司录用为化妆品推销员。但是，三年之后，徐丽已经由最开始月薪 1000 元的化妆品推销员升为了月薪 5000 元的销售经理；而张琳仍然是原地踏步，甚至面临着被公司辞退的窘境。两个同时进公司的人在三年之后为什么出现了这么大的差距？

原来，徐丽在工作中总会积极主动地学习很多与化妆品销售相关的知识。为了让自己在工作中获得进步，徐丽总是利用周末闲暇的时间阅读有关销售方面的书籍，从这些书籍中，她学到了许许多多销售方法和技巧，并把它们灵活地运用到工作中；此外，为了进一步提高自己的专业技能，她还多次参加销售方面的培训。在培训中，徐丽学到了很多业务知识。通过这样的不断学习，徐丽不仅将自己的销售业绩提升了上去，还实现了自我增值，最终被公司重用，被提拔为公司的销售经理。而张琳在工作中却不注意主动地学习相关知识，只能是原地踏步，最终被职场所淘汰。

一个优秀的、有追求的员工在工作中绝对不会混日子，现今，已经不再是充一次电终身受用的时代了，即使今天你能跟得上时代的步伐，也不代表明天你还能满足工作的需要。而没有任何一家公司会养闲人，公司对于用人的评判标准，就是你能否为公司创造利润。一旦你无法满足工作的要求，等待你的就是被辞退。而一个被公司辞退、被市场所抛弃的人，是无论如何都不可能成为匠人的。不主动学习就只有被淘汰，要想获得成功，不断地学习充电是必须的。

学习也要有方法

在职场中，不断吸收前沿知识，给自己充电，实现自我增值，对于每一位职场员工来说都是至关重要的。学习也要讲求一定的方法，没有方法的盲目学习，不仅不能实现自我增值，还会给自己的工作造成困扰。

张超是一名设计师，在平时的工作中非常注意通过学习来实现自我增值。但他在实际的学习过程中却没有一定的章法，不仅没有达到自我增值的目的，还影响了自己的正常工作。例如，有一次，张超在学习一些关于构图方面的知识时，不注意学习的时间，将学习时间放在了正常的工作中。由于是利用工作时间学习其他的知识，所以在看书的过程中非常紧张，生怕被领导发现自己在做工作以外的事情，由于精神紧张，最终也没有真正将相关的知识学会，并且还耽误了正常的工作，使得整体的工作进度被拖慢。这样的学习方式不仅没有让张超实现自我增值，还影响了自己的正常工作，受到了领导的批评，得不偿失。

在进行自主学习的过程中，要注意掌握学习的方法。运用一定的方法，才能既将本职工作做好，又能够做好自主学习，真正实现自我的进步，如图 2-2 所示。

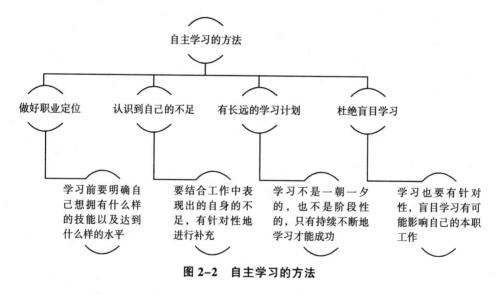

图 2-2　自主学习的方法

将学习融于生活

对于职场员工来说，几乎每天的大部分时间都被工作所占据。在这样的情况下，如果要用大块的时间、全部的精力重新去学校进修，或者到专业的机构去补课，几乎是不可能的。这样的学习方式会给本身压力巨大的职场员工增添更多的压力，最终不仅不能实现个人充电，还会由于巨大的时间消耗与精力消耗让人感觉身心俱疲，得不偿失。对于职场员工来说，要想通过持续不断的学习以实现自我增值的目的，就要将学习融于生活。

将学习融于生活，就是要在生活中学会察言观色，用心留意身边的人和事，学会发现工作中的技巧，并注意总结别人的成功经验，尤其是同事身上的经验、优点，把它变为自己的经验、优势。这样的学习是自然的，不会耗费大量的精力；同时也是有效的，从他人身上学到的知识与技能往往比从书本上学到的更加实用，运用到工作中也会更加得心应手。要将学习融于生活之中，在生活与工作中，每时每刻都在学习，就能保证自己的技艺能够不断精进，并且与时俱进，不会被时代所抛弃。

3

敬业：不是尽力而为，而是全力以赴

工匠精神中，一个重要的思想内涵就是敬业。爱岗敬业，不论在什么时代，都是值得提倡的一种精神。一流工匠之所以能够取得让人羡慕的成就，离不开在无数个日日夜夜中的努力。在现代职场中，爱岗敬业仍然是一个非常重要的课题，是在职场中获得进步，取得成绩的必经之路。在工作中，面对一项工作，如果只是尽力而为，点到为止，那么永远都无法将工作做到极致，也就无法成为一名真正的匠人；只有将自己全部的精力置于工作当中，全力以赴，才能够将每一项工作做到极致，最终取得成功。

3.1
爱上工作，不做"上班奴"

职场员工一直被人称为"上班族"，在"上班族"这一层面上，人们通过劳动来获取报酬。但是，由于人们对于工作的反感以及排斥心理，导致职场员工又出现了一个新的称谓"上班奴"。通过这样形象化的表述，我们可以看出"上班奴"面对工作所展现出来的痛苦与纠结。现代职场中，很大一部分人拥有"上班奴"心态，对自己的工作提不起兴趣，认为工作是一种沉重的负担。拥有"上班奴"心态，是无法体会到工作中的快乐与价值的，自然也就无法做到爱岗敬业。要做到敬业，首先要爱上自己的工作，告别"上班奴"心态。

上班前，将心态调整好

大多数拥有"上班奴"心态的人，有一个明显的特征：每天睁开眼睛的第一件事就是为工作发愁，一想到要工作就感觉心情非常烦躁。这样的心态是非常不利于对自己的工作产生认同感、爱上自己的工作的。要告别"上班奴"心态，爱上自己的工作，首先要从上班之前的心态调整做起。

小冉与小刘是同一家公司的销售员，但是，两个人对待工作的态度却存在着明显的差别。小冉对待工作的态度非常消极。每天早晨上班之前，小冉就开始抱怨工作辛苦，总是要看客户的脸色，还挣不到钱。以至于小冉每天都被这样的负面情绪所包围，对待工作没有一点动力，工作成绩也非常一般；而小刘对待工作的态度与小冉则截然相反。小刘每天早晨上班之前，都会告诉自己新的一天开始了，在新的一天中，要更加努力地工作，提升自己的工作业绩，早日实现自己的梦想。通过这样的心理暗示，小刘觉得每一天都充满了希望，也能够用更加饱满的热情对待一天的工作，在工作中也更加地投入。由于小刘对待工作非常敬业，并且工作业绩非常突出，得到了上司的赏识，逐渐升职为了销售经理。而小冉却仍然是一个处在抱怨之中的基层销售员。

通过小冉和小刘的对比，我们可以看出上班之前的心态调整对于一整天工作的重要作用。如果能够在上班之前调整好自己的心态，对待工作就会更加积极主动，更加敬业。要在上班之前调整好自己的心态，可以从以下三个方面入手，如图3-1所示。

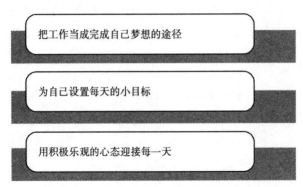

把工作当成完成自己梦想的途径

为自己设置每天的小目标

用积极乐观的心态迎接每一天

图3-1 上班之前怎样调整自己的心态

上班时，用积极的态度处理问题

面对工作，大部分产生厌烦心理的另一个重要因素就是工作中所出现的问题。在困难面前，很多人感觉到烦躁、恐惧，随之对工作产生了厌烦的心理。要爱上自己的工作，最重要的一点就是学会妥善处理工作中出现的各种问题。当各种问题迎刃而解后，对于工作的反感程度就会明显降低。

小王和小李同样是公司中的两名售后服务人员，但是，两个人面对工作中出现问题的态度完全不同，而面对问题的态度不同，也导致了两人对于工作的态度出现了明显的不同。以应对客户投诉为例，每当有客户投诉时，小王总是感觉到厌烦。当遇到客户投诉时，小王不但不能用平和的心态和良好的服务态度帮助客户处理问题，反而对客户破口大骂。这样的处理方式不仅影响了小王的工作，还使得小王在工作中感到非常痛苦，认为每天的工作都是煎熬；而小李面对客户投诉，却能够妥善解决。当有客户投诉时，小李总是用积极的心态去面对，告诉自己是在帮助客户解决问题，自己的工作是非常有意义的。小李总是能够耐心地解答客户的问题，安抚客户的情绪。在每次处理好客户的问题后，小李也能够从中获得成就感。久而久之，小王越来越厌烦自己的工作，最终选择了辞职，而小李却爱上了自己的工作，并且由于工作能力突出得到了提升。

通过以上案例，我们可以看出，在工作的过程中，要学会用积极的态度处理工作中出现的问题，对于爱上自己的工作、爱岗敬业的重要性。总体来说，要处理好工作中可能出现的问题，就要做好以下两个方面，如图3-2所示。

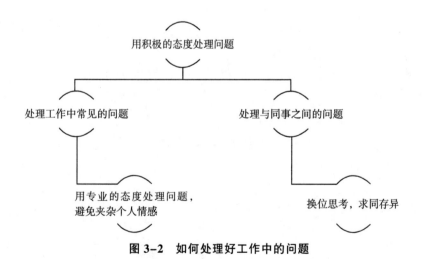

图3-2 如何处理好工作中的问题

下班后，调节工作与生活的关系

能够正确处理工作与生活的关系，善于将自己从繁杂的工作中解脱出来，是调节自己的心情、对自己的工作产生好感的一个重要方式。如果不能正确处理工作与生活之间的关系，将自己全部身心放在工作当中，时间一长，就会产生疲累感，从而对工作产生反感情绪。下班之后，调节工作与生活的关系，至关重要。

艾米是一家广告公司的文案，平时的工作非常繁忙，经常加班，有时甚至会加班到深夜。艾米的很多同事都因为感觉工作太累，认为自己的全部时间都被工作占用了，逐渐对这份文案工作产生了反感情绪。但是，艾米却能够在下班之后调节工作与生活的关系。下班之后，艾米就会做一些自己感兴趣的事情，例如读书、看电影。通过这样的调节，让艾米在工作之余得到了有效的放松，从而感觉工作并不是非常累。也正是因为能够很好地调节工作与生活的关系，艾米逐渐爱上了工作，在工作中也越来越敬业。

要想调节工作与生活的关系，可以参考以下方法，如图3-3所示。

图3-3 如何调节工作与生活的关系

3.2
脚踏实地才能步步为"赢"

在工作中，很多人都会出现眼高手低的问题。认为自己具有崇高的理想，并且认为自己的能力无人能及，当前的工作根本不配自己付出努力。整天想着要成就一番大事业，眼睛只会盯着一些所谓的大事，而对于眼前的工作却总是敷衍，能推辞就推辞，推辞不掉就随便做做。心中还会埋怨自己的才能被埋没了，得不到重视，整天在闷闷不乐中度过。在工作中，大事做不了，小事不想做。这样做的结果，最终只能是一事无成。任何一个一流的匠人都是从基层做起，脚踏实地，一步一个脚印走向成功的。在工作中，脚踏实地地把每一步走得坚实，成功才能真正属于自己。

做好每一件小事，一步一个脚印

任何成功都不是一蹴而就的，任何精湛的技术也不是一朝一夕就可以练就的。在通往成功的路上，需要一步一步用坚实的脚步走向成功，只有经历了千难万险，让自己在日复一日的工作中得到充分的磨砺，成功就会水到渠成。在工作中，要做到脚踏实地，就要从小事做起，一步一个脚印，把自己的成功之路走得坚实，成功就会来得快一些。

赫赫有名的美国前国务卿鲍威尔，正是由于能够在工作中把每一件小事做好，从小事做起，才最终获得了巨大的成功。鲍威尔在初入职场时，唯一能做的工作就是清洁工。但是，即使是清洁工，鲍威尔也没有在工作中抱怨，怨天尤人，感叹自己大材小用，而是把清洁工作中的每一件小事都做好，并且在工作中不断学习，不断吸取经验教训。由于在工作中脚踏实地，把工作中的每一件小事都做到了极致，鲍威尔甚至还研究出一个拖地板的诀窍，可以使地板拖得又快又好，省力又省时。鲍威尔在工作中表现出来的脚踏实地，被老板看在了眼里，认为鲍威尔是个人才，破格提拔了鲍威尔。鲍威尔通过不断的努力，重视身边的小事，对待工作，即使是一件很小的事情，都会投入百分之百的热情。通过脚踏实地的奋斗，最终由一个平凡的清洁工成长为了受人尊敬的国务卿。

发现并缩短自己的差距

很多人在工作中无法做到脚踏实地的一个重要表现就是看不到自己的差距与不足，总是认为自己的工作能力非常强，没有任何不足。在工作中，如果总是抱着这样的心态，就无法客观认识到自己的差距，无法弥补自己的不足，也就无法在工作中取得进步。任何成功的人士，都非常善于发现自己的不足和差距，并且非常乐于并善于向他人学习，弥补自己的不足。通过这样的方式，使自己不断取得进步。

小周和小李都是同批进场的技术工人，但是，两人在工作中却获得了截然不同的发展。小周在工作中脚踏实地，善于发现自己与他人的差距并改正。不论是在工作中发现自己在专业知识方面的不足，还是与新员工或者老员工之间的差距，小周都能够发现，正视自己的不足。在发现自己的差距之后，小周就会查阅相关的资料，或者向其他同事请教。通过这样的方式，小周的工作能力得到了明显的提升，工作业绩也有了明显的提高；而小李在工作中却总是好高骛远，不注意发现自己在工作中与他人的差距，总是认为自己在工作中表现得无可挑剔，对于工作中表现出的不足总是视而不见。由于不注意发现自己的不足、提升工作能力，小李自身的工作能力一直在原地踏步，工作没有任何的起色与进步。

通过小周和小李两个人的对比，我们可以发现，要想在工作中做到脚踏实地，就要善于发现并缩短自己的差距。而要发现并缩短自己的差距，就要做到以下两个方面，如图 3-4 所示。

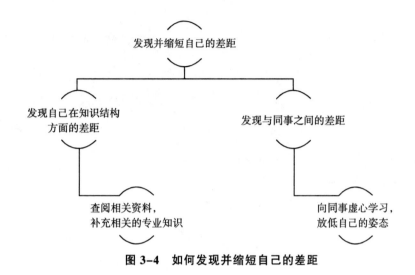

图 3-4　如何发现并缩短自己的差距

脚踏实地，摒弃有害想法

要在工作中做到脚踏实地，就需要从思想上杜绝一些不利于脚踏实地工作的想法，从根本上杜绝工作中可能出现的问题，从内心真正做到脚踏实地。

有害想法一：凭我的学历和能力根本不该做这些小事。

每个人都有自己的优点，或许你有较高的学历，拥有很多先进的理论知识。但是，在工作中，仍然需要脚踏实地。不能总是好高骛远，看不到眼前工作中的小事。如果总是好高骛远，在工作中是无法获得长远的发展的。最终只能是原地踏步，在工作中无法实现任何进步。

有害想法二：现在的工作只是跳板，只要完成工作任务就行了。

如果一个人连眼前的工作都无法完成，总是想着跳槽，那么结果只能是眼前的工作做不好，由于工作能力不够也无法跳槽、实现更好的发展。只有杜绝"现在的工作只是跳板，只要完成工作任务就行了"这样的想法，做好当前的工作，才能一步一步进步，稳步发展。

有害想法三：即使能力有限，我也要承担此项工作，这样别人就会对我刮目相看。

在工作中要脚踏实地，不能对眼前的工作不屑一顾，但是也不能做远超自己能力的工作。很多人为了表现自己高人一等，与众不同，而去承担有较高难度的工作，结果反而把工作弄糟。在工作方面要做值得别人信赖的人，对工作全力以赴，尽可能地把工作做好。遇到困难或业务难题时，要主动请教他人，并尽快解决，对自己力所不及的事情要勇于放弃，以免耽误了工作。

3.3
自律、自省、自警

在工作中做到敬业，就要在工作中做到自律、自省、自警。自律能够保证在工作中专心致志，不被其他纷杂的事情所打扰，从而保证工作效率；自省可以不断反思工作中出现的问题，然后加以改正，从而在工作中获得进步；自警就可以保证自己在工作中有效避免松懈与懈怠，时刻保持前进的动力。做到自律、自省、自警三个方面，才能真正做到敬业，避免由于日复一日地工作，导致工作积极性降低，在敬业方面无法做到持之以恒。

自律，让工作更加轻松

自律，主要为自我约束的意思。在工作中，自律能够帮助我们更好地管理工作时间以及工作行为，从而有效提升工作效率。而如果在工作中不能做到自律的话，则很有可能被各种事物影响，打乱工作计划，降低工作效率。通过自律，可以更好地工作，工作也会更加规范、有条理。当一个人在工作中能够做到自律后，就可以按照既定的工作计划进行工作，从而在工作中更加踏实，更加敬业。

周林是一名会计。在工作中，周林非常敬业，对待工作非常认真，由于工作态度非常好，工作能力非常强，周林受到了上司的喜爱与器重，实现了升职加薪。周林之所以能够取得这样的成绩，与其在工作中的自律有着分不开的联系。周林在工作中，根据自己的工作内容，制订了一系列的工作计划。由于周林在工作中非常自律，即使外界有一些影响因素，周林也从来都不会被这些因素影响，而是一直坚持按照既定的工作计划工作，非常自律。也正是周林的这种自律，让周林在工作中表现得非常敬业，有效提升了自己的工作效率。而周林的其他同事虽然同样制订了工作计划，但是由于在工作中无法做到自律，总是坚持一段时间，受到其他事物的影响，便选择了放弃，在工作中做不到敬业，自然也就无法取得周林这样的成绩。

通过周林的案例，我们可以看出，自律对于工作的重要性。自律能够帮助我们有效减少因为其他因素对工作产生的影响，从而一心一意地扑在工作上，在工作中真正做到爱岗敬业，并且有效提升工作效率。

要想在工作中做到自律，就要做到以下三点，如图 3-5 所示。

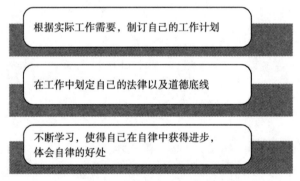

根据实际工作需要，制订自己的工作计划

在工作中划定自己的法律以及道德底线

不断学习，使得自己在自律中获得进步，体会自律的好处

图 3-5　如何在工作中做到自律

自省，清除进步障碍

所谓自省，指的是通过自我意识来省察自己的言行的过程。"自省"是一种能力，自省能力好的人表现为意志力强、个性独立、有自己内在世界观以及兴趣爱好；而自省能力差的人自我价值感很低，缺少自己的人生目标。自省，能够帮助人们快速发现之前的错误，从而及时找出相应的解决办法，以改正自己的错误，实现不断的进步。一个人如果不进行自省，只是一味地向前冲，那么就无法发现自己的不足之处，也就无法取得进步。自省同样应该应用于工作中。所谓敬业，就是要能够在日复一日的工作中，

不断发现并改正自己的不足，从而不断获得进步，为自己的工作做出更多的贡献。在工作中常常自省，就能够快速发现自己在工作中的不足之处，并进行改正。

日本著名的企业家稻盛和夫，27岁创办京都陶瓷株式会社，52岁创办第二电信，这两家公司又都在他的有生之年进入世界500强，两大事业皆以惊人的力道成长。而稻盛和夫之所以能够取得如此令人羡慕的成绩，与其在工作中经常做的自省分不开。正是由于在工作中经常自省，稻盛和夫才能够不断反思自己在工作中的不足，以及在经营方式和经营策略方面的失误，从而能够及时纠正自己的失误。通过自省，稻盛和夫能够及时调整自己的经营方式，从而在工作中立于不败之地，将两个公司都做到了世界500强。

我们在工作中要想能够真正做到敬业，在工作中取得进步，就要学会在工作中经常进行自省。要想在工作中经常进行自省，可以按照以下三个方式进行，如图3-6所示。

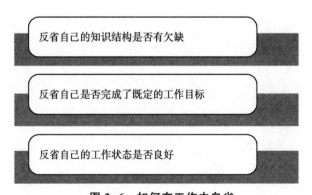

反省自己的知识结构是否有欠缺

反省自己是否完成了既定的工作目标

反省自己的工作状态是否良好

图3-6 如何在工作中自省

自警，避免在工作中犯错

在工作中，要想真正做到爱岗敬业，除了要做到自律、自省之外，还要做到自警。自警，顾名思义，指的是自己警示自己，做到自我戒备、自我告诫、自我警觉、自敲警钟。对于大部分人来说，工作是一项持续并且枯燥的事情，在日复一日的工作中，不论是自身内在的对于工作产生的倦怠感，还是外在的诱惑等，都有可能对工作产生负面影响。在这样的情况下，就需要在工作中经常自警。避免自己在工作中出现错误，从源头上遏制错误发生的可能。

张琳是一位新闻工作者，在工作中，张琳经常进行自警。以作为一名新闻工作者的职业道德与职业操守来警示自己，保证自己在工作中要坚持自己的职业操守，不要因为外界的诱惑而使自己在工作中迷失了自己，避免为了追求一些物质的诱惑而放弃了自己对于工作的坚守。正是由于张琳经常在工作中对自己进行自警，使得自己在工作中能够始终保持应有的工作态度，在工作中非常敬业，取得了非常好的成绩。

通过张琳的案例，我们可以看出，在工作中经常自省，能够有效避免工作中的诱惑，防止由于禁不住诱惑而丧失了在工作中应该坚守的原则，从而能够保证自己在工作中走正路，避免犯错。

3.4
努力不是重复与蛮干

我们在工作中所做出的所有努力的最终目的，都是提升工作效率和工作水平，从而在工作中获得实质性的进步。只有能够做出成绩，我们的努力才是有价值的。努力并不是机械地重复与蛮干，如果没有方法，没有思考，只是用一系列的无用功，在工作中堆砌出了一个"努力的假象"，那么这样的方式既不能帮助我们在工作中取得进步，还浪费了大量的时间和精力，是没有任何意义的。相对于努力，工作中，对于我们更加重要的是努力之后能够获得进步的结果。在工作中，努力并不是重复与蛮干。

杜绝低级的重复

所谓低级的重复，指的是在工作中没有掺杂任何的思考以及没有运用任何方法，单纯因为熟练而发生的重复劳动的行为。很多人在工作中，都出现了低级重复的问题。职场中，有很多人一直兢兢业业地工作，但是，当回过头来对自己的工作进行反思时，却发现自己所付出的努力与自己获得的成绩完全不成正比，只能感叹自己时运不济，即使再努力都没有用。有的人甚至因此一蹶不振，对前途失去了信心。实际上，之所以出现付出的努力与收获的汇报不对等的情况，就是由于在工作中所谓的努力，只不过都是低级的重复，对于自己的进步没有任何的帮助作用。

古罗马的皇帝哈德良手下有一位将军，跟随哈德良皇帝常年征战。有一次，这位将军觉得自己跟随皇帝常年征战，应该得到晋升，便来到了哈德良皇帝面前提出了自己的要求。"皇上，我跟随您常年征战，具有丰富的作战经验，一共参加过10次重要的战役，所以，我认为我应该晋升到更加重要的领导岗位"。

哈德良皇帝并不是一个只看努力与经验的人，而是更加注重结果和效率。他认为这位将军虽然参加过很多次战役，但是并没有取得很好的成绩。这位将军并不能够担任更加重要的职位。于是，哈德良皇帝指着拴在周围的战驴对这位将军说："亲爱的将军，好好看看这些驴子，它们至少参加过20次战役，但是它们仍然只是驴子。"

从以上这个故事中，我们可以看出，即使你付出过很多的努力，即使你看起来经验丰富，但是如果你不能做出成绩的话，你的努力全都是没有意义的。职场中，很多人就像是故事中的将军和驴子，只是在进行低等级的重复，在公司待的年头很长，付出了很多辛劳。但是，在工作中却不讲求工作方法，只是日复一日、年复一年地重复自己习惯的工作方式。如果一旦进入到这样的低级的重复状态，就会让自己陷入职业发展的桎梏。在工作中，我们要努力，要敬业，但是要杜绝低等级的重复。

给自己设置一个参照物

参照物，指的是用来判断一个物体是否运动的另一个物体。一个物体无论是运动的还是静止的，都是相对某个参照物而言的。参照物放置于工作当中，同样具有非常重要的参照作用。

如果一个人在工作中没有一定的参考标准与努力方向，那么在工作中就会非常容易出现迷茫和混乱的情况，从而导致自己所做的努力全都是重复与蛮干。如果在工作中能够给自己设置一个参照物，不论是用他人的工作成就作为自己工作努力的目标，还是以人为镜，了解自身的优缺点，都可以让自己与之进行比较，从而明白自己在哪些地方需要改正，哪些地方需要突破。小周在毕业之后，成为了一名车间工人，在工作中，小周对待工作非常认真。由于是新人，不论是工作经验还是工作能力都比不上车间里的老员工，小周在工作中付出了很多的时间和精力。但是，小周在工作中并没有为自己设置一个参照物，没有一个努力的标准。小周经过一段时间的努力之后，并不能准确判断自己的努力成果怎么样，是否取得了明显的进步。在这样的情况下，小周由于不知道自己有没有取得进步，慢慢失去了工作积极性。

为改变这样的情况，小周决定给自己设置一个参照物。小李是车间中的老员工，工作能力很强。小周决定以小李作为自己努力的方向。小周经过一段时间的努力，就会把自己取得的进步与小李对比。通过努力，当自己的工作能力一步步接近小李时，小周在工作中获得了成就感，并且工作积极性有了明显的提升。

找到工作方法很重要

工作中，重要的不是工作中表现出来的所谓的"努力"，而是工作之后所取得的成绩以及工作效率。如果在工作中不能做出成绩，那么即使再努力，也只能是一头不被老板赏识的"老黄牛"。敬业，也要找到工作方法。用最短的时间，将工作以最高的质量完成，才是真正的敬业。

老王在公司已经做了十年，在工作中勤勤恳恳，任劳任怨。但是，由于工作中不注意工作方法，只是一味地蛮干，并没有取得很好的工作成绩。虽然工作非常勤勉，老王仍然只是一个普通的基层职员。而小林是一个仅仅有两年工作经验的行业新人，由于小林在工作中能够准确找到工作方法，工作效率非常高，给公司带来了可观的收益，很快得到了老板的器重并升了职。对此，老王感到不满，认为自己对待工作非常认真，资历最老，却总是得不到晋升。而老王的上司却对老王说："老王，你的工作态度是很好，但是，公司最终要的是效益，而不是一个只会蛮干却不能给公司创造效益的员工。"

通过以上的案例，我们可以看出，在工作中，要讲求一定的工作方法，蛮干只能感动自己，却无法取得实质性的进步。要在工作中掌握工作方法，可以参照以下内容，如图 3–7 所示。

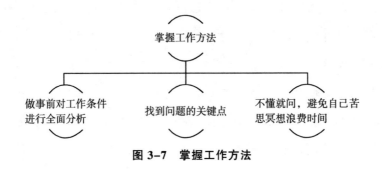

图 3–7　掌握工作方法

3.5
一流匠人要用无数的日日夜夜成就

任何人的成功都不是随随便便得来的，任何精湛的技艺也不是一朝一夕能够练就的。一流的匠人之所以能够获得成功，离不开他们在无数个日日夜夜中的努力与练习，他们的成功，与他们的勤奋分不开。对于一个人的成功，天赋固然很重要，但是，勤奋才是加快成功的动力所在。如果你在工作中所付出的勤奋多一些，你收获的成果也会快一些、多一些。要在工作中获得成功，就要像一流匠人那样，经过无数个日日夜夜的勤奋练习，最终练就精湛的技艺，获得事业上的成功。

珍惜有限的工作时间

在职场中，有一个非常有趣的现象：在工作中非常勤奋的人，通常非常热爱工作，总是认为工作时间不够用，在工作中抓紧一切时间工作，甚至利用业余时间，仍然在工作；而工作中懒惰的人，则总是感觉工作时间过于漫长，工作时间于他只是一种煎熬。每天的工作就是等着下班。心态不同的两种人在工作中的差别非常大。通常，珍惜工作时间的人，在工作中往往能够以更加积极的态度对待工作，在工作中不断提升自己的工作能力，在自己的工作领域中获得了很好的发展；而不珍惜工作时间的人却只能虚度光阴，在工作中无法取得进步。要成为一流的匠人，在工作中获得进步，就要学会珍惜有限的工作时间。

约翰是一名设计师。在工作中，约翰总是非常勤奋，抓紧一切时间进行工作，总是认为工作时间不够用。在工作中，约翰并不像其他的同事那样得过且过，而是非常注重自我能力的提升。对于上级领导委派的任务，约翰总是抓紧一切时间，尽自己的能力把工作完成好。如果自己在工作中有什么不懂的地方，就会马上向其他同事请教。除了抓紧一切工作时间之外，约翰还经常利用晚上下班以及周末的时间为自己"充电"，学习一些与设计相关的知识，让自己在专业领域能够取得进步。

也正是因为约翰能够珍惜有限的工作时间，充分利用一切时间进行学习，才让约翰在专业能力上不断提升，取得了明显的进步。约翰的勤奋得到了上司的赏识，被提拔为设计部主管。

通过约翰的案例，我们可以看出，在工作中要想做到勤奋，就要珍惜有限的工作时间，把工作时间充分利用起来。充分利用有限的工作时间，需要做到以下三点，如图3-8所示。

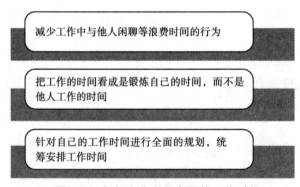

减少工作中与他人闲聊等浪费时间的行为

把工作的时间看成是锻炼自己的时间，而不是他人工作的时间

针对自己的工作时间进行全面的规划，统筹安排工作时间

图3-8　如何充分利用有限的工作时间

工作勤奋要有良好的精神面貌

现代职场中，竞争压力巨大，以至于很多职场人士都被巨大的工作压力压垮，总是以一种消极懈怠的情绪面对工作。而这样的工作情绪，是不可能在工作中做到勤奋的。要想在工作中做到勤奋，需要有良好的精神面貌。只有对工作永远保持热情，能够用饱满的热情去工作，才能够在工作中真正做到勤奋。

　　小刘和小张是同一家化妆品公司的销售员，虽然两个人都想在工作中做到勤奋，但是由于两个人的精神面貌不同，使得两个人在实际工作中的表现截然不同。小刘虽然很想在工作中更加勤奋一些，但是却无法调整自己的工作压力。由于工作压力巨大，导致心理负担加重。虽然小刘很想在工作中多努力一些，但是消极的情绪却无时无刻不在影响着他。即使在正常的工作时间，小刘对工作都打不起精神，利用业余时间维护客户、销售产品也就无从谈起；但是小张却能够在工作中时刻保持良好的精神面貌。在工作中，小张能够调节自己的工作压力与心理负担，面对工作总是充满热情，自然就会更有动力工作。由于对工作抱有很高的热情，小张在工作中总是充满动力，不仅在工作时间尽心尽力，还经常利用业余时间维护客户、销售产品。通过这样勤奋的努力，小张的工作业绩有了明显的提高，上级领导对小张也越来越器重。

　　通过小刘和小张工作中精神面貌以及工作成绩的对比，我们可以看出，一个良好的精神面貌有利于促进在工作中的勤奋，良好的精神面貌能够给勤奋工作提供动力。我们要在工作中做到勤奋，就要保持一个良好的精神面貌，如图 3-9 所示。

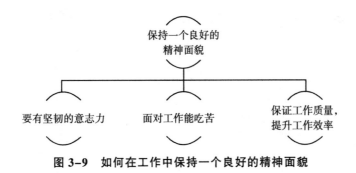

图 3-9　如何在工作中保持一个良好的精神面貌

勤奋也要实干

　　只有将工作做到实处，勤奋才能够真正发挥作用。如果仅仅是将勤奋挂在嘴边，而没有落实到工作实处，那么所谓的勤奋对于工作是无法起到任何实质性的帮助作用的。只有踏实肯干，将勤奋发挥到工作中的每一个方面，才能真正由于勤奋学习到更多的经验，让自己的能力得到锻炼。也只有这样，勤奋才能够在工作中发挥作用。

小丽在一家广告公司工作，在工作中，小丽总是标榜自己非常勤奋。但是，小丽的工作能力和工作效率却并没有得到明显的提升。原来，小丽虽然总是说自己在工作中非常勤奋，甚至经常加班。但是小丽在加班的时候，并没有在工作，而是网购、聊天。等到离开公司时，已经很晚了。就是因为这样，小丽认为自己工作非常勤奋，小丽的同事和上级领导也认为小丽经常加班到很晚，一定是非常勤奋的。小丽并没有将勤奋落实到实处，加班熬夜时，小丽并没有在工作，而是在做其他的事情。这样的"勤奋"方式，即使花费再多的工作时间，也无法在工作中取得进步。

我们在工作中要做到勤奋，要注意将勤奋落到实处，只有实干，才能真正提升我们的工作能力。

4

担当：员工制造问题，匠人解决问题

一个公司的员工是否能够在出现问题的时候表现出自己的担当，是衡量其能否成为匠人的重要标准。公司聘请员工，是希望员工能够帮助公司解决问题，创造利润，这就要求员工在出现问题时能够担当起责任，帮助公司解决问题。员工自身也能够在勇于担当的这一过程中，获得自身能力的成长与进步，直至成为一名一流匠人。如果在工作中缺少担当，那么，即使工作能力很突出，也只能是一个优秀的员工，而无法成为一名一流的匠人。员工制造问题，匠人解决问题，在工作中勇于担当，是成为一名一流匠人的必备品质。

4.1

担当，让你加速成长

担当，指的是一个人有魄力，能够承担责任。不论是做人还是做事，都需要有担当。一个有担当的人，能够承担起自己应该承担的责任。不论外界条件如何变化，都能够坚守自己的原则和信念，在遇到困难时迎难而上，不推诿妥协，坚毅果敢。任何一个能成大事的人，都一定是一个非常有担当的人，担当，也是一个一流匠人必须具备的素质。所以，在工作中，我们要做一个有担当的人。在承担责任，敢于担当的过程中，经过更多的磨砺，以加速我们的成长，在自己的职业道路上为自己打开更加广阔的发展空间。

能担什么样的"责"，就能当什么样的"任"

一个有担当的人，需要在工作中能够接受并承担起更多的责任。当自己的工作职责和工作角色需要的时候，要毫不犹豫、责无旁贷地挺身而出，竭尽全力履行自己的工作职责。在承担责任的过程中，通过锻炼与磨砺，让自己为企业发挥出更多的能量，做出更多的贡献；同时，提升自己的工作能力，在工作中获得更好的发展。如果在工作中无法承担责任，那么担当也就无从谈起。如果在工作中没有担当，遇到问题推卸责任，自己就无法实现质的提升，最终也就只能是一个普通员工，而无法成为一名一流的匠人。要在工作中做一个有担当的人，就要学会承担责任。

简和艾米是一家财务公司的两名员工。两个人在工作中都非常认真。

上司对这两名新员工也都非常满意，希望从简和艾米两个人中挑选一个晋升为财务部主管。然而，一件事情让两个人有了截然不同的命运。

一次，两个人一起赶制一份财务报表。艾米想，反正是两个人合作，那自己可以先休息一会儿，反正简会做。所以，艾米就一直休息。前期工作基本上都是简一个人独立完成的。但是，一个人的能力毕竟有限，上交财务报表的期限就要到了，可是财务报表仍然没有做完。艾米生怕财务报表不能按时交上去，而影响自己在上司心中的形象，便急忙找了数据开始和简一起做。由于时间紧急，艾米在做财务报表的过程中匆匆忙忙。简看到艾米的样子，提醒艾米虽然着急，但一定要细心，不要出现差错。

最终，两人将财务报表按时完成并上交，但是上司却发现财务报表中一个数据存在错误。而经过检查，这个错误就是艾米由于马虎而弄错的。出现问题后，艾米想把责任推在简的身上，于是私下找到了上司，把所有的过错都推到了简身上。而上司并没有只是听信简的一面之词，叫来了简，问事情的具体经过，简依据事实，向上司陈述了事件的经过，简说："这件事情是我们的失职，我愿意承担责任。另外，艾米的家境不太好，比我压力更大，如果可能的话，她的责任我也来承担。"

上司在听完简和艾米两个人各自的陈述之后，说："我已经知道了事情的整个经过。我决定，辞退艾米，而简升任财务部主管。"听到上司的决定后，艾米认为这样不公平，而上司说："在出现问题之后，我看到了你们两个人截然不同的态度。公司需要的是有担当的员工，而不是只会推卸责任的员工。"

从简和艾米的案例中，我们可以看出，担当在工作中的重要性。你能担什么样的"责"，就能当什么样的"任"。只有能够承担责任，才能获得更好的发展。

有担当的人具有坚定的理想信念

要想做到有担当，还需要有坚定的理想信念。如果没有坚定的理想信念，在遇到外界的诱惑与刺激时，就会非常容易妥协。而如果遇事总会妥协的话，就无法在周围人都选择后退的时候，独自前进。要做到在工作中有担当，就要具有坚定的理想信念，有自己的做事原则。一旦确定了正确的道路，就要坚定地走下去。

A公司是一家创业公司，在发展的阶段，由于资金不足，发展遇到了困难。在A公司最困难的时期，公司员工的工资都无法正常发放。在这样的情况下，除了公司的老板，大部分的员工都选择了离职。赵丽是A公司的一名普通职员。虽然公司遇到了困难，很多同事也已经离职。但是，赵丽认为自己的公司一定能够克服困难，有很好的发展前景。赵丽并没有像其他同事那样选择离职，而是选择留下来与公司老板和仅剩的几名员工一起战斗。通过大家的共同努力，一年之后，公司终于渡过了难关。由于一项技术专利，A公司获得了大量资金，发展前景也非常明朗。A公司的老板非常感谢赵丽和其他几位留下的同事，认为他们非常有担当，给他们全部升职加薪，成为了公司的骨干。

做一个有担当的职场人

通常，有担当的人做任何事情都具有果敢坚毅的特点，不会瞻前顾后、优柔寡断。面对工作，有担当的人都会比周围人更加有勇气，并且具有强大的执行力。在确定了一项工作之后，立即行动，从不拖拉。有担当的人能够想其他人不敢想的事情，能够做其他人不敢做的工作，并将所要做的事情用最高的质量与效率完成。在工作中，一个有担当的人与其他员工相比，更加具有责任感，真正具有能够承担责任的能力，在出现问题时，能够依靠自己的责任感与工作能力，将问题很好地解决。

刘力是一个做事雷厉风行的人，在一家公司任生产部门的经理。在工作中，只要有工作，无论这项工作有多困难，刘力都会想办法克服困难，高效率地完成工作。也正是因为他坚毅果敢的做事态度，刘力在工作中不断克服困难，得到了上司的赏识，不断升职。

在工作中，我们要成为一个有担当的职场人，就需要具备以下三个素质，如图4-1所示。

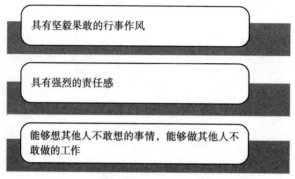

具有坚毅果敢的行事作风

具有强烈的责任感

能够想其他人不敢想的事情，能够做其他人不敢做的工作

图4-1　如何成为一个有担当的职场人

4.2
在被要求前主动去做

　　每一家公司都希望自己的员工能够主动地做公司非常需要做的事情，那些只会做老板吩咐过的事情的员工，那些需要老板逼迫做事的员工是不可能受到老板器重的。主动工作代表着一种积极的做事心态，不论在什么情况下，都能够主动做事；而被动工作则是一种消极的心态，总是被动工作的人，会认为自己是在为别人工作，不仅不会主动工作，还会以消极懈怠的心态应付工作。是否能够在被要求前主动去工作，是从一名平凡的员工到一流匠人的关键。

把公司当成自己的家

　　很多人之所以不能积极主动地去工作，而是只能等着别人要求，甚至即使被动地去工作仍然是一种敷衍了事的态度，很重要的一个原因就是因为他们认为自己是在给别人工作。如果总是抱着自己是在为别人工作的心态，那么，面对工作就无法有一种积极主动的心态，自然就不会主动工作。如果总是有这样的心态，是非常不利于积极主动地去工作，提升工作效率的。要想改变这样的情况，就要调整自己的心态，把公司当成自己的家。

　　任何一个人都会对自己的家庭细心呵护，尽心尽力。把公司当成自己的家，就能够像爱护自己的家一样爱护公司，希望公司兴旺发达，获得更好的发展。自然就能够为了公司的发展，积极主动地工作，不再需要他人的监督和催促。

小赵和小刘在一家化妆品销售公司工作，但是，两个人的工作态度却有明显的差别。小赵认为自己即使工作再努力也是给别人做，自己得不到任何好处。在工作中总是以一种消极的心态面对。从来不会主动去工作，而只是等着上级领导催。小赵的工作态度让上级领导感到极为不满；而小刘却把公司当成了自己的家。小刘认为，自己选择了这份工作，就是公司中的一分子，自己有责任为公司的发展贡献自己的力量。小刘总是能够积极主动地工作，在被上级领导要求之前，就已经完成了工作。小刘这种对待工作的积极态度，受到了上级领导的赏识，自己也被上级领导提拔。

从小赵和小刘在工作中的对比我们可以看出，把公司当成自己的家，能够让自己面对工作时更加有热情，从而更加积极主动地完成工作。

主动做公司需要的工作

要在工作中用积极主动的态度工作，就要学会主动做公司需要的工作。如果公司需要你做的工作都需要三令五申地催促，那么，你就失去了作为一名员工的价值。主动做公司需要的工作，不仅能够提升工作效率与工作质量，还能够在工作中获得锻炼的机会，进一步提升自己的工作能力。

李玲是一家房地产开发公司的员工。在工作中，李玲对工作非常认真负责，总是能够积极主动地完成各项工作。一次，李玲在朋友聚会中，偶然听到了一个内部消息，市政府有意向在市郊划出一块地皮，用来建经济适用房。李玲得知这一消息后，认为如果消息是真实的，那么当信息一旦公布，政府开始公开招标时，就会有多家开发商去投标。如果自己的公司能够事先做好准备，就可以大大增加胜算。于是，李玲便立即从各方确认消息是否准确可靠，同时，开始着手准备一些前期资料。在这一过程中，李玲的很多同事都认为她是自讨苦吃。因为这项工作并不在李玲的工作范围内，也没有人要求李玲一定要这么做，但是李玲坚持认为主动为公司做一些事情是对的。

　　果然，在两个月之后，市政府公布了这一消息。消息公布后，多家房地产开发公司都开始了投标前的紧张准备工作。李玲所在的公司也在为这一件事情忙碌。正当公司领导在针对这一件事情进行紧急会议时，李玲拿出了一摞厚厚的资料，让公司的领导又惊又喜。当公司的领导问李玲："你是财务部的员工，这项工作不在你的工作范围内，也没有人要求你做，你为什么要做呢？"李玲说："我是公司的员工，应该主动做一些公司需要的工作，这样才能够促进公司的发展。"公司的领导听完，对李玲赞赏有加，并且把李玲升为了财务部主任。

　　通过李玲的案例我们可以看出，主动做公司需要的工作，不仅能够帮助公司实现更好的发展，在这一过程中，自己的能力也得到了锻炼和提升，让自己在职业生涯的道路上走得更远。主动做公司需要的工作，主要包括以下两个方面，如图4-2所示。

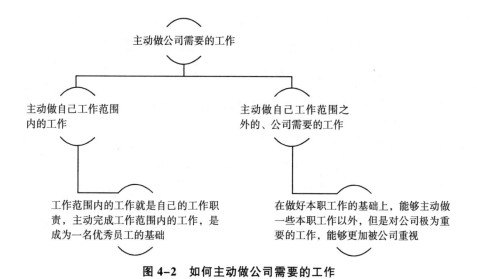

图4-2　如何主动做公司需要的工作

改掉被动工作的习惯

　　一些人在工作中由于长期地被动工作，已经形成了习惯。任何工作，只有别人要求自己做的时候才会做。即使自己想主动做一些工作，但是由于长期地被动工作，要主动工作时已经不知道从哪里入手。在这样的情况下，只能等着他人要求自己。要在工作中学会主动工作，就要克服被动工作的习惯。

李林在一家广告策划公司工作。在工作中，李林总是需要被别人要求做才做，工作一直没有进步。为此，李林决定改变以往的工作状态，在被别人要求之前自己主动工作。但是，等到真的需要李林主动去做的时候，李林却不知道从哪里入手。只能等着别人给自己下发工作任务，李林才知道自己应该做什么。对于这样的情况，李林感到很苦恼。如果总是需要被别人要求工作，而无法自己主动完成工作，那么在工作中就无法取得进步。

实际上，要想实现主动工作，就要克服被动工作的习惯。克服被动工作的习惯，可以按照以下三个方法进行，如图4-3所示。

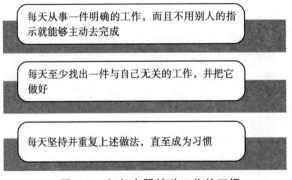

每天从事一件明确的工作，而且不用别人的指示就能够主动去完成

每天至少找出一件与自己无关的工作，并把它做好

每天坚持并重复上述做法，直至成为习惯

图4-3　如何克服被动工作的习惯

4.3
再小的角色也应有主人翁意识

要想在工作中获得很好的发展，就要在工作中树立自己的主人翁意识。所谓主人翁意识，指的是一个人在基本符合某一个岗位任职资格的前提下，进入到该岗位中，按照该岗位的要求，履行和完成岗位所赋予的全部工作，实现个人的社会价值。一个优秀的员工，在公司中不应该只是扮演普通打工仔的小角色，勤奋踏实地完成分内的工作，还要以主人翁的姿态，时刻维护公司的利益，实现个人与公司的共同发展。不论我们在工作中处于什么样的工作岗位，都应该树立自己的主人翁意识。

像老板一样工作

职场中，很多人在工作中缺乏主人翁意识，并没有把工作当成自己的工作，而只是把工作当成自己谋生的手段，在工作中，能拖就拖，能推就推。具有这种心态的人，在工作中往往具有以下表现：每天按部就班地工作，下班时间还没到，就奔到打卡机前排队，在卡机上的数字刚显示为下班时间的那一瞬间，马上打卡走人，连一秒钟都不愿意在公司耽搁；完全在为老板工作，领导吩咐他做什么他就做什么；甚至趁领导不在时，就会抓紧一切时间偷懒。这是典型的缺乏主人翁意识的表现。如果总是以这样的状态工作，则很难取得进步、获得更长远的发展。为改变这样的情况，就要增强自己的主人翁意识，像老板一样工作。

玛丽在一家公司的采购部工作。采购部日常的工作就是负责购买公司所需要的物品。玛丽的其他同事都认为自己的工作并不是很重要，只要按照要求购买物品即可。他们每天的工作就是完成既定的购买任务，任务完成之后，就开始在办公室内聊天、上网。而玛丽却与她的这些同事不同，玛丽更加具有主人翁意识。在工作中，真正把自己当成了公司的老板在工作。正是因为这样的心态，玛丽在工作中有意识地学习，逐渐掌握了谈判的技巧，还可以实现双赢，充分考虑供货商的利益，最终把公司的采购工作提升到一个新的台阶。正是由于这种把自己当成老板的心态，让玛丽在工作中非常认真负责，真正为公司的长远发展考虑。玛丽也从一个普通的采购员升任为采购经理。

当我们可以像老板一样工作时，就会自觉减少工作中的偷懒行为，避免得过且过、不负责任的情况发生。当自己真的可以像老板一样工作时，就可以在工作中获得长远发展。像老板一样工作，需要做到以下三点，如图 4-4 所示。

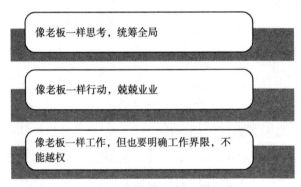

像老板一样思考，统筹全局

像老板一样行动，兢兢业业

像老板一样工作，但也要明确工作界限，不能越权

图 4-4 如何像老板一样工作

时刻把企业的利益放在第一位

增强自己在工作中的主人翁意识，就要真正把自己看成企业中的一部分，把自己融于企业之中，时刻把企业的利益放在第一位。当你真正把自己当成企业的主人之后，你就不会再因为加了一两个小时的班而懊恼，不会因为吃了一点亏就在背后痛骂企业。增强自己的主人翁意识，就要对企

业忠诚，真正把企业的利益看成自己的利益，从而竭尽自己的能力保障企业的利益，为企业付出也无怨无悔。

董明珠，格力电器股份有限公司董事长，是我国家电行业的领军人物，世界十大最具影响力的华裔女企业家。董明珠之所以能够取得今天这样的成就，与其在工作中具有强烈的主人翁意识，把企业的利益摆在第一位，甘心为企业付出是分不开的。

董明珠在刚刚进入格力电器时，只是一名基层的业务员。但是，从进公司的第一天起，她就把自己当成了公司的主人，在工作中，总是把公司的事情当成自己的事情一样认真对待。有一次，为帮公司追回债款，董明珠凭借顽强的毅力连续 40 天追讨前任业务员留下的 42 万元债款。董明珠凭借自己卓越的经营才能和管理水平，以及把自己当成企业的主人，把企业的利益摆在第一位，甘心为企业付出而无怨无悔的精神，不断突破销售额，最终成为格力电器的董事长。

忠诚于自己的企业，无怨无悔地付出，就要做到以下三点，如图 4-5 所示。

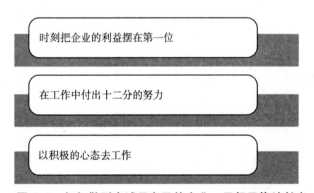

图 4-5　如何做到忠诚于自己的企业，无怨无悔地付出

让自己的理想与企业的发展目标保持一致

在工作中树立主人翁意识，真正把自己当成企业的主人，就要让自己的理想与企业的发展目标保持一致。只有让自己的目标与企业的发展目标

保持一致，在工作中，才能真正为企业的发展考虑，帮助企业实现发展目标的过程，就是实现自己的理想与发展目标的过程。在这样的情况下，工作就会更加有动力，也会更加尽心尽力。而如果自己的发展目标与企业的发展目标不一致的话，就会在工作的过程中出现矛盾，自己也无法为了企业的发展而认真负责地工作，在这样的情况下，不论是对于员工自身，还是对于企业，都是不利于发展的。要在工作中发挥自己的主人翁意识，就要让自己的理想与企业的发展目标保持一致。

张琳是一家化妆品公司的销售员。在工作中，张琳具有强烈的主人翁意识。张琳个人的发展目标与公司的发展目标相一致。张琳的目标是要不断突破自己的销售额，不断进步，在工作领域获得更好的发展机会与更广阔的发展空间。而张琳所在的企业则需要不断提升产品的销量，以获得更为客观的利润。公司正是需要张琳这样的员工，张琳也需要公司给自己提供的发展平台。在这样目标一致的情况下，张琳在工作中变得更加努力。

4.4
正视问题，承担责任，寻找方法

在现代职场中，很多人在工作中都抱着"事不关己，高高挂起；不求有功，但求无过"的心态，即使发现了问题也不会提出来，避免给自己"惹麻烦"，最终导致问题不能被及时解决，不断发酵，最终成为严重的大问题；当问题发生后，一味地推卸责任，把问题丢给别人，认为出现的问题与自己无关，如果承担责任，就会影响自己的工作。实际上，拥有这样想法的人是无法在工作中获得真正的进步的。一流的匠人需要有一定的责任心与敢于担当的勇气。学会承担责任让一个人成长，而学会解决问题则会让一个人的能力得到质的提升。在出现问题之后敢于承担责任，并善于解决问题，才能够真正取得进步。

善于发现问题

事实证明，只有发现了问题之后才有可能正确地分析问题，进而解决问题，并使自己在工作中有更大的发展。能够发现并指出工作中的问题，是承担责任、解决问题的第一步。职场中，很多人为了所谓的"自保"，即使发现了问题也选择视而不见。实际上，这样的行为是非常不负责任的，不仅会给公司造成巨大的损失，还错失了锻炼自己的机会。真正优秀的员工从来不会认为只是老实地实施上司的命令就算完成了任务，他们还要通过自己的眼睛来发现工作当中更多的问题，并用自己的大脑来认真地思考这些问题，以便找出解决问题的有效方法。在工作中，要想做到承担责任，解决问题，首先要练就一双洞察问题的慧眼，能够及时发现工作中存在的问题，并勇于指出问题。

艾米和约翰同在一家广告公司工作，但是，两个人对于工作中出现问题的态度截然不同。艾米在工作中，不注意发现工作中存在的问题。即使发现了工作中的问题，艾米也会选择沉默，因为艾米认为，如果自己把问题提出来，解决问题的责任就落在了自己的肩上，这是在给自己增添工作负担。艾米这样对待问题的方式，使自己在工作中一直表现平平，并没有取得进步。

而约翰对待问题的态度与艾米相反。约翰在平时的工作中，总是非常注意并且善于发现工作中出现的问题。每当发现了问题，约翰会第一时间向上级领导汇报。由于约翰的及时发现，为公司减少了很多损失。约翰的上级领导对约翰赞赏有加。

通过以上案例，我们可以看出，在工作中，我们要善于发现问题，并勇于把问题说出来。而如何善于发现工作中的问题，练就一双洞察问题的慧眼，可以参考以下三个方法，如图4-6所示。

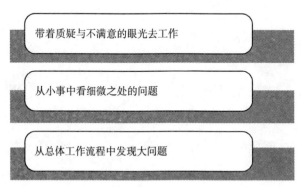

图4-6　如何善于发现工作中的问题

敢于承担责任

任何企业都不会喜欢只会制造问题，而不敢承担责任的员工，这样的员工对于企业来说没有任何价值。如果在工作中出现了问题，不敢承担责任，而是千方百计地把责任推脱到别人的身上，那么自己就永远无法取得进步。每一个问题的出现，都代表着一个进步的机会。敢于承担责任，不仅让自己变得更加有担当，还让自己从中获得了进步的机会。敢于承担责任是成长的重要标志。在出现问题之后，要拿出自己的担当，敢于承担责任。

小周是一家钢铁厂的员工，在工作中，每次出现问题，当其他同事都在想尽办法推脱责任的时候，小周却能够主动承担责任。例如，有一次，小周所在的小组因为疏忽，导致生产材料出现了问题。当其他同事都说与自己无关的时候，小周主动承担了责任。但是，小周的上级领导已经知道了之所以会发生这样的问题，是整个小组全体员工的责任。上级领导表扬了小周勇于承担责任的行为，批评了其他员工推脱责任的行为。小周在主动承担责任的过程中，不仅获得了上级领导的表扬，还增强了自己在工作中的担当，使自己获得了进一步的成长。

善于寻找问题，及时解决问题

不论是发现问题，还是承担责任，最终目的都是要把问题解决，减少发展过程中的障碍。所以，解决问题是承担责任的最佳方式。如果只是将承担责任停留在口头上，而无法解决问题，那么这样的承担责任的方式是没有价值的。只有解决问题，才能真正帮助企业扫除发展过程中的障碍，而自己也能够在寻找解决问题的办法并解决问题的过程中得到了锻炼，让自己的能力得到提升。

小张是一名车间工人，在工作中如果出现了问题，小张总能够第一时间站出来承担问题，并想办法解决问题。为此，小张在工作中受到了上级的赏识，由车间的普通工人升为了组长。例如，有一次，车间中的一台生产设备运转出现了问题，其他同事有的人说出现问题与自己无关，推卸责任；有的能够承担责任，但也只是停留在口头上，并没有想办法解决问题。只有小张，利用休息的时间，查阅相关的资料，并与生产设备的实际情况做对比，最终找到了解决办法，解决了问题。

从小张的案例中我们可以看出，承担责任的最佳方式，只有解决问题，这也是最终目的。所以，我们要善于解决工作中出现的问题，如图 4-7 所示。

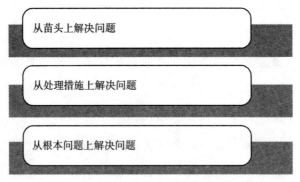

图 4-7　如何解决工作中出现的问题

4.5
有问题冲在前面，有成绩等在后面

　　把成绩推给别人，把问题留给自己，是一个一流匠人应该具备的品质。我们要在工作中做到有担当，就要做到始终用一种敢闯敢拼的精神对待工作，当工作中出现问题时，能够勇往直前，用自己的担当承担起责任，并解决问题；当工作中做出一点成绩时，能够做到不贪功，不因为一点成绩而沾沾自喜。只有这样，我们才能够在工作中显示出我们的担当与胸怀，在这一过程中，逐步从一名普通员工提升为一名一流的匠人。

在工作中注入敢闯敢拼的精神

　　工作中需要一点敢闯敢拼的精神。在工作中，只有具有敢闯敢拼的精神，才能在工作中不断开拓、不断进取，并在这一过程中磨砺自己，通过这样的方式，在工作领域中就会实现加速成长。实际上，在现代职场中，很多人都缺少一点敢闯敢拼的精神。这些人认为，在工作中，最重要的是要做到自保，"枪打出头鸟"，自己做得越多，错的就会越多。宁愿做工作中的平庸者，只要能够拿到每个月固定的工资就可以了，并不会寻求更好的发展。但是，这种想法不但不利于提升公司的工作效率，增加收益，而且非常不利于个人的发展。要在工作中做到有担当，为自己开辟出一条职业上升通道，就需要在工作中注入敢闯敢拼的精神，做别人不想做、不敢做、不能做的事情。

　　赵强是一名车间技术工人，在工作中，赵强正是凭借着自己敢闯敢拼的精神和担当，在工作中不断克服困难，不断进取，最终在自己的工作领域获得了更好的发展。赵强在工作中表现出了自己的担当。当工作中出现问题时，其他人都在往后退，赵强却能够往前冲，不怕问题，不惧困难，不断寻找新的工作方法。有一次，因为技术问题，导致赵强所在公司的产品产量远远低于其他竞争对手的产量。为此，赵强所在的公司领导都感到非常苦恼。公司中的大部分人都认为要想在短时间内提升产量，是一件非常困难的事情，所以都认为自己无法完成。而赵强却敢闯敢拼，通过分析竞争对手的生产设备以及生产方式，然后将其与自己公司的生产情况进行对比，经过了十几天的反复研究，最终找到了提高产量的方法，帮助公司解决了这一难题。

赵强利用自己敢闯敢拼的精神，不仅帮助公司解决了难题，提升了效益，而且自己也从这一过程中得到了锻炼，了解了更多的专业知识，让自己在工作中得到了提升。

出现失误，勇于进行批评与自我批评

批评与自我批评是保证工作质量、维持工作秩序的重要因素。在出现失误时，勇于进行批评与自我批评，是工作中有担当的一个重要表现。在现代职场中，很多人缺少进行批评与自我批评的意识。缺少自我批评的意识，在出现失误的时候，就只会站在自己的立场考虑问题，而不会考虑其他员工以及企业的利益和现实问题。面对失误，每个员工只会相互推诿扯皮，相互指责。每个人都是为了自己的私心私利，拒绝承认自己的错误和失误，总是挖空心思想着将责任推卸给其他同事，没有对自己的缺陷和不足进行反省与总结，更谈不上后期改进和避免出现同样问题。在这样的情况下，只会让自己变得越来越自私，越来越狭隘，无法实现真正的成长和发展。要想在工作中做到有担当，就要在出现失误时，勇于进行批评与自我批评。

艾米在一家公司的财务部工作。在工作中，艾米非常认真负责，即使出现了失误，艾米也会勇于承担责任，并且及时针对出现的问题进行自我批评与总结。也正是因为这种面对失误，敢于进行自我批评的行为，让艾米能够在失误中总结自己的问题，并在今后的工作中加以改正，以此实现工作能力的不断提升。

例如，有一次，艾米在进行报账时，发现发票的金额比实际的花费明细多，并且连续检查了 3 遍都是同样的结果。但是，艾米却以为是报账人的工作疏忽，最终按照自己的想法报了账。但是，不一会儿，报账人却来指出自己并没有错，是发票出了问题。艾米这才意识到里面有一张发票颜色和别的不太一样，错误在于重复了一张发票。面对工作失误，艾米并没有推卸责任，而是承担了责任，并对自己的工作失误进行了及时的总结。艾米认为，自己的过错主要是在工作时不够认真，只注意了发票的名称，却没有注意到重复的发票号码；发现了不对的地方，却没有追究到底，而是认为是别人的错。通过进行自我批评与总结，艾米发现了自己在工作中需要改进的地方，并在今后的工作中做了改正，让自己的工作能力不断提高。

取得成绩时，不贪功

有功不争功，无功不贪功，是一个一流匠人在工作中表现出来的气节和担当。职场中，有很大一部分人没有这样的心胸与气魄。出现问题时，想尽办法推脱责任；而当做出一些成绩时，却恨不得把所有的功劳都变成自己的。这样的人，即使能够暂时获得好处，却无法实现长远的发展。不仅无法实现个人能力和水平的提升，还会招致同事的意见，离心离德。所以，要在工作中表现出自己的担当，就要做到取得成绩时，不贪功。

周林在一家互联网公司工作。在工作中，面对出现的问题，周林都会冲在最前面，通过自己的努力解决问题。而当工作中取得成绩时，周林也能做到不贪功。例如，有一次，在技术方面出现了问题，导致公司的网络瘫痪。周林凭借自己的能力解决了问题。而当上级领导表扬周林时，周林却不贪功，对上级领导说是同事共同努力的结果。周林这种不贪功的做法，不仅得到了上级领导的赏识，还得到了同事的尊重。

5

专注：工作贵专，不以朝秦暮楚为好

　　专注，指的是专心注意，全神贯注。任何事情的成功，都离不开专注。在工作中也是同样的道理。古往今来，各行各业的成功人士，在工作中必定能够做到专注。只有专注，才能让我们对一个行业进行深入的了解、学习，直至精通。只有对一个行业做到精通，才能成为这一行业的顶尖人才。而如果在工作中做不到专注，朝秦暮楚，最终只能是每一个行业都只学到了皮毛而已，无法真正获得成功。要想在工作中取得成就，就需要做到专注。

5.1
一生只做一件事

职场中，很多人在工作选择方面都做不到专注。在这个行业做一段时间，觉得那个行业好，挣钱多，然后就果断放弃现有的工作。自己的职业生涯几乎全部在换工作中度过。但是，最终却一事无成，只能感叹时运不济，自己空有一身才能却无施展机会。实际上，大部分的工作本身并不难做，也不是人们不会做，但是，很多人就是做不好。究其原因，就是这些人没有做到专注。朝秦暮楚，今天做这个，明天做那个，结果对哪个工作都无法做到精通，也就无法取得成功。那些取得卓越成就的人，几乎都在工作中做到了专注，倾尽自己的一生只做一件事情。正是因为这样的专注，可以让人们在自己的工作领域越扎越深，越做越精，最终成为行业的顶尖人才。我们要在工作中取得成功，就要学会专注，一生只做一件事。

见异思迁，只会一事无成

工作贵在专注。工作中见异思迁，最终只能一事无成。曾经有这样一个寓言故事：一只猴子在玉米地里收玉米，刚掰下一个，觉得前面的更好，就扔下手中的玉米去掰另一个。当另一个到手时，又觉得前面还有更好的，所以又将到手的玉米扔掉，去掰那个"更好的"。如此反复，不知不觉走到了玉米地的尽头，天色已晚，猴子只能慌慌张张地随便掰一个。而回去一看，这个玉米恰恰是个烂玉米，猴子也只能将就了。

工作中，有很多人都像那只猴子，总觉得前面的工作更好，不论现在的工作是否适合自己的发展，都会选择放弃现在的工作而追求更好的工作。实际上，前面的工作并不一定是更好的，如果总是这样三心二意，每个工作都只是浅尝辄止，那么就无法对一项工作做到深入了解，也就无法将工作做精，最终只能一事无成。

因为专注，所以专业

在工作中，只有能够专注于自己的工作，才能做到专业。专注，就是要把注意力全部集中在所要做的某一件工作上，在做事的过程中不被其他因素所吸引，专心致志，不会萦绕于焦虑和三心二意之中。事实证明，专注的人更容易在工作中做到专业级别，更容易成功。因为专注的人更容易对人对事聚焦，更容易把握工作的核心点。而找到工作的核心点之后，工作起来就会事半功倍。这也是专注的人更容易做到专业的原因。

郎朗，中国优秀的青年钢琴演奏家，曾经被《芝加哥论坛》誉为这个时代最伟大的年轻音乐家。郎朗之所以能够获得今天这样的成绩，与其在钢琴事业上的专注是分不开的。郎朗在自己的童年时期，就对钢琴非常痴迷，并且开始接触钢琴，通过培训班学习钢琴。他的童年生活就是每天练习钢琴8小时。在钢琴培训班中，当其他的同学都因为各种原因不再练习钢琴的时候，郎朗依然没有被外界干扰，将自己的精力专注于钢琴的练习上。即使在成名之后，郎朗虽长期来往于各地演出，但仍然坚持每天练琴。当很多名人参加综艺节目赚快钱的时候，郎朗依然专注于钢琴事业。正是因为郎朗对自己钢琴事业的坚持，才让郎朗在钢琴演奏方面从最初的懵懂到熟悉，从熟悉到专业，最终取得了卓越的成就。

从郎朗的案例中，我们可以看出，专注于一件工作对于把这件工作做到专业的重要性。正因为专注，所以才能专业。我们在自己的工作领域中，同样需要专注于自己的工作，从而在自己的工作领域不断精进，如图5-1所示。

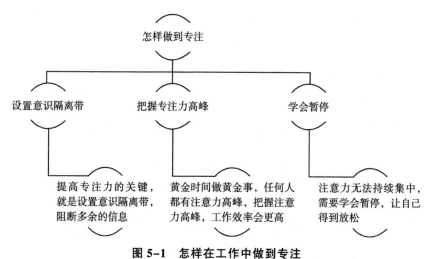

图 5-1　怎样在工作中做到专注

用一生做好一件事

一生只做一件事，最终的目的是要在工作中取得成绩。如果一生只做一件事，但是却没有在所做的这件事情上用心，那么只能是虚度光阴，浪费了宝贵的时光而无法取得成绩。所以，一生只做一件事，还要注意用一生做好一件事。只有真正把事情做好、做精，我们在工作中所付出的时间和精力才是有价值的，才能真正在工作中取得成就。

法国著名的画家雷杜德，用他一生的时间来画玫瑰花，并且真正将画玫瑰花这件事做到了极致。任凭法国大革命政权更迭，甚至人头落地，血流成河，雷杜德都不被外界所干扰，一直专注于画玫瑰花。整整花了 20 年，雷杜德以一种"将强烈的审美加入严格的学术和科学中的独特绘画风格"记录了 170 种玫瑰的姿容，最终著成了《玫瑰图谱》。

雷杜德的《玫瑰图谱》被称为"最优雅的学术，最美丽的研究"，在之后的 180 年里，以多种语言和版本出版了 200 多种，平均每年都有新的版本面世。雷杜德本人也因为其卓越的成就被称为"花卉画中的拉斐尔""玫瑰大师"以及"玫瑰绘画之父"。

雷杜德正是用自己的一生在做画玫瑰花这一件事，并且真正把这件事做好了，所以才能够在自己的领域中取得卓越的成就。

我们在自己的工作中，也应该像雷杜德一样，专注于自己的工作，用一生做好一件事。而要想真正用自己的一生做好一件事，获得事业上的成功，可以遵循以下方法，如图 5-2 所示。

图 5-2　如何用自己的一生做好一件事

5.2

慢一点，有时才能快一点

工作中，我们要做到专注，还要学会放慢工作的速度。现代职场中，由于竞争压力大，生活与工作节奏都非常快，导致很多人都期望在工作中能够用最快的速度完成每项工作，争分夺秒。但实际上，速度快并不等于工作质量好。大部分在慌乱中赶制出的工作成果，通常质量都不会很好。而如果工作质量差，就违背了我们努力工作的初衷。有时候，做一件事情时慢一点，沉下心来，反而能够更快地找到事情的关键点，更好、更快地完成工作，取得事半功倍的效果。

工作越急越做不好

很多人在工作中都有相似的苦恼：我在工作中明明已经非常努力了，老板每天下发的任务我都非常希望能够做好，并且总是马上投入工作，用最快的速度完成工作。但是，工作效果仍然不好，老板对于我的工作完成情况仍然不满意。这些人之所以会感到苦恼，是因为他们陷入了一个误区，认为只要自己把工作做得快一点，打起十二分的精神，就能把工作做好。自己在工作中越着急，代表自己对工作越重视。

实际上，工作并不是做得越快越好，工作的时候越着急，反而越做不好工作。因为人如果在工作中始终处于一种着急、焦躁的情绪里，那我们的思想就会变得不理智，对于工作中可能出现的问题就无法及时发现，甚至连实现预订的计划都不能将其完整地实行，如果人总是处于着急、焦躁的情绪里，瞬间的思考就会变得不全面，在工作中就会出现很多疏漏。工作中的焦躁情绪会产生很多不良的影响，以至于影响工作的最终完成情况，如图 5-3 所示。

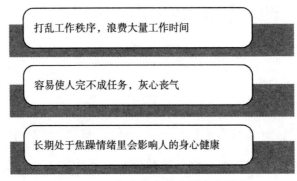

图 5-3　焦躁情绪产生的不良影响

约翰在一家投资公司工作。由于投资公司的工作节奏非常快，导致约翰经常处于一种焦躁的情绪里。面对自己的工作，约翰总是希望能够在最短的时间内完成，所以，在工作中总是非常着急。但实际上，由于约翰的工作准确度要求较高，需要其在工作中更加细心。但约翰只要一着急，就会忽略很多问题，导致最终的工作错漏百出。约翰越着急工作越做不好，工作越做不好越着急，始终处于一个恶性循环之中。这样的情况让约翰感到工作非常痛苦。

我们很多人都和约翰一样，在工作中有很多焦躁情绪，导致工作越急越做不好。为了改变这样的状态，我们就需要学会克服工作中的焦躁情绪，如图 5-4 所示。

慢一点，才能稳扎稳打

很多人在工作中都只追求速度，认为自己只要能够用比别人更快的速度完成工作，就能够取得成功。实际上，由于在工作中过于求快，致使很多工作看似完成了，但都只是蜻蜓点水，并没有深入地理解这项工作，而

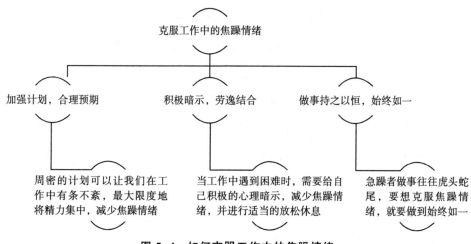

图 5-4　如何克服工作中的焦躁情绪

对工作了解得不够，就会忽略很多工作中必须解决的问题，最终导致虽然将工作用很快的速度做完了，但工作质量却非常差。这样的"快"是无意义的。相反，如果做一件事情的时候，能够慢一点，就能发现其中的规律以及事情的关键点。通过慢一点的工作，能够让我们在工作中的每一步都走得更扎实，通过稳扎稳打最终完成的工作，完成质量会更高，我们也会更加容易取得成功。

　　张丽和柳林是一家手作培训班的学生。两个人同时进入培训班学习。但是，由于两个人在制作手作的过程中态度不同，最终做出的成果也有很大区别。一次，培训班的老师给两个人下发了一个任务，让两个人按照模型做出一个相同的戒指，做得好的人可以代表培训班参加比赛。张丽为了取得代表培训班比赛的资格，在制作戒指的过程中非常着急，生怕柳林抢在自己之前完成戒指的制作。老师要求戒指要打磨 20 遍，但张丽却觉得打磨 10 遍和打磨 20 遍的效果是一样的，所以，张丽只是按照大致的制作流程将戒指制作了出来，并且只打磨了 10 遍。完成之后，便马上交给了培训班老师。张丽看到柳林还未完成，认为自己已经胜券在握了。

　　与张丽不同，柳林在制作戒指的过程中不慌不忙，按照规定的步骤，扎扎实实地完成了每一步，并且按照既定的要求，将戒指打磨了 20 遍。当培训班的老师拿着两个人制作的戒指对比之后，决定让柳林代表培训班参加比赛。张丽对此很不解。培训班的老师解释道："将你们两个人所做的戒指做对比，虽然表面上看并没有什么不同，但是仔细观察就可以发现，柳林所制作的戒指的质感要明显好于张丽所制作的戒指的质感。张丽虽然做得快，但却没有将戒指的质量做好。在工作中如果只是一味求快的话，那么整个过程只能是蜻蜓点水，最终完成质量并不会好。在工作中慢一点，稳扎稳打，把每一个步骤都做好，才能将工作做好。"

我们在工作中，也应该学会慢一点，将每一个步骤都做好，稳扎稳打，最终才能将工作做好。而要想在工作中真正做到慢一点，稳扎稳打，就要做好以下三个方面，如图 5-5 所示。

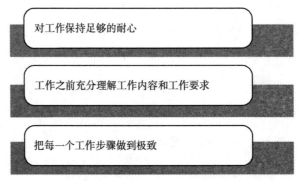

对工作保持足够的耐心

工作之前充分理解工作内容和工作要求

把每一个工作步骤做到极致

图 5-5　怎样在工作中做到稳扎稳打

在工作中，我们只有戒除焦躁情绪，对工作保持足够的耐心。在开始工作之前，不要贸然行动，而是要充分理解工作内容和工作要求，并把每一个工作步骤做到极致，才能真正做到稳扎稳打，专注于工作，把工作做好。

5.3

摒除杂念，聚焦最重要的工作

现代职场中，由于竞争激烈，我们几乎很难像之前一样利用大块的时间专心致志地完成一项工作而不被外界所干扰，而现在大部分的工作情况是，各项工作任务同时堆积在你面前需要你处理。面对大量复杂的工作，很多职场人都感觉到时间不够用，工作忙不过来，专注于一件工作几乎成为了天方夜谭。加上现代人角色多样化，又处于信息过载的时代，焦虑情况下就会多任务同时开弓，由于工作过多，每项工作都只能是蜻蜓点水似地完成，匆匆忙忙，到头来工作质量却很低。如果我们在工作中总是处于这种状态的话，工作只能进入恶性循环，无法实现自身的发展。为改变这样的情况，我们就要学会在繁杂的工作中将注意力聚焦于最重要的工作，以此来实现工作能力的提高和个人的发展。

工作中的"二八定律"

"二八定律"由经济管理思想家约瑟夫·M.朱兰提出，并最终以意大利经济学家维弗雷多·帕累托名字进行命名，所以又被称为"帕累托法则"。"二八定律"表明，在任何一组东西中，最重要的只占其中的一小部分，约为20%，其余的80%尽管占多数，但却是次要的。总效益中的80%由那20%的最重要的工作产生。

在工作中，我们也经常会有这样的感受：即使我们忙碌了一天，在8小时的工作时间里，很可能只有一个半小时的工作才会真正有所回报。这一个半小时之内所进行的工作就是那最重要的 20%。我们要想从繁杂的工作中抽身出来，就要在工作中运用"二八定律"，首先找到工作中最重要的 20% 的工作，然后再聚焦于最重要的 20% 的工作，就会产生事半功倍的效果。

刘玲在一家公司任销售部经理。在平时的工作中，刘玲每天都要处理很多工作，其中包括给各个销售员制定并派发销售任务，整理销售情况向上级汇报，以及对客户进行维护等，有时甚至还要处理一些突发状况。在别人看来，刘玲每天的工作特别烦琐，几乎很难按时将所有的工作完成。但是，刘玲却能够将各项工作安排得井井有条，有条不紊地把所有工作按时保质保量地完成。究其原因，就是因为刘玲能够将自己的主要精力聚焦在每天最重要的工作上，当完成了最重要的那一部分工作后，主要的工作任务基本上就完成了，再做其他工作便游刃有余。

我们要想像刘玲一样，在自己的工作中做到聚焦在最重要的工作上，首先就要学会找到那最重要的 20% 的工作，如图 5-6 所示。

图 5-6　如何找到那最重要的 20% 的工作

要寻找那最重要的 20% 的工作，首先就要学会找出最高产的工作。在这一过程中，可以拿出一张纸，在纸上列出目前占据你的工作时间的十项工作任务。其次写出这十项工作任务在工作时间中所占的比重。最后写下工作时所做的三件最有价值的工作。根据所得出的结果将工作时间做调整，尽量做到用大部分的工作时间做最有价值的工作；而找出忍不住做那 80% 的低效工作的原因，有利于我们更好地对自己的行为进行改进。通常，我们忍不住做 80% 的低效工作的原因，主要包括以下三个方面，如图 5-7 所示。

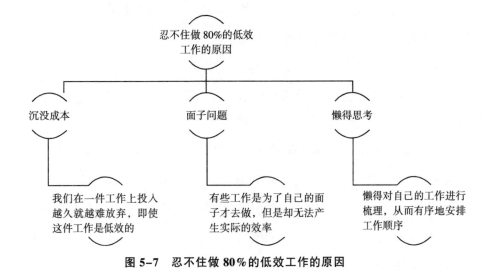

图 5-7 忍不住做 80% 的低效工作的原因

聚焦重要工作，有序推进工作

在明确了重要工作之后，我们就要做到在工作中聚焦于最重要的工作，对自己的工作顺序进行调整，有序推进各项工作，保证我们能够轻松应对各项工作，从烦琐的工作中解脱出来，做到专注于最重要的工作。

要想聚焦重要工作，有序推进工作，在实际的工作中，可以按照以下几个步骤进行。

步骤一：拿到新的工作任务后，首先要重新设计一下自己的工作流和时间流。

著名作家村上春树说过："人生中总有一个先后顺序，也就是如何依序安排时间和能量，到一定的年龄之前，如果不在心中制订好这样的规划，人生就会失去焦点，变得张弛失当。"村上春树所针对的是人的一生，其实，这句话同样适用于我们的工作。每个人的精力有限，时间有限，如果面对各项工作，无法安排妥当，而是杂乱无序，那么即使耗尽自己的精力也无法将各项工作全部保质保量地完成。所以，要想实现聚焦最重要的工作，就要理顺自己的各项工作，制定自己的工作流和时间流。

在制定自己的工作流和时间流的过程中，要找到最重要的工作，并将大部分的时间分布在最重要的工作上。

步骤二：将每日的工作做成闭环。

为保证能够聚焦于最重要的工作上，并产生应有的价值，在工作中，要保证将每日的工作做成闭环。

开始每天的工作之前，要做好工作计划，将当天所要做的工作写下来；在实际的工作中，设一到三个重点任务，规定自己一定要有成果，紧盯当日的工作重点。每日结束时，检查工作清单，看看当日的任务完成情况，重点任务完成了没有，并在每个项目上登记进度条。每日的工作要形成闭环，工作才能变得有条不紊，并且逐步提高。

步骤三：集中精力，排除外界干扰。

当我们手中有多项任务需要完成时，为保证工作质量，不宜在各项工作之间进行过多切换，应集中精力专注于一项主要的工作，完成阶段性任务后再转到下一个任务。在工作的过程中，应该排除外界干扰，例如，将手机设成免打扰模式；环境嘈杂时，戴上降噪耳机等。除了这些外部干扰外，还要注意排除内部干扰，如自己刚进入工作状态，很容易会有各种念头冒出来，一会儿想到有个电话要打，一会儿想起要订餐等。这些都会影响我们的工作专注度。只有排除这些干扰，才能做到聚焦于最重要的工作。

5.4
一件小事也要全情投入

曾经有一句名言：一个人一旦能够对一个人、一件事情投入全身的力量去追求，动用自己真正的感情去用心，就一定能创造奇迹。这句名言很好地表明了全情投入对于做好一件事情的重要性。如果我们在做一件事情的时候三心二意，就无法掌握事情的内在规律，也就无法对事情进行深入了解，自然也就无法做好这件事情。要想做好一件事情，就需要在做事的过程中全情投入。这个道理放在我们的日常工作中同样适用。对我们的各项工作，即使是一件非常小的工作，也要做到全情投入，只有这样，才能在事业上获得成功。

用限时工作法让自己全情投入工作

如果我们在工作中能够做到全情投入，把全部的精力专注于当前的工作中，不仅能够有效提升工作效率，还能提升我们的工作质量。而如果在工作中无法做到全情投入，在做一件工作时，总是中断自己的工作进程而去做其他工作，工作效率就会明显降低。这样的工作状态既浪费我们宝贵的工作时间和精力，还影响我们整体的工作效果。

王强是一名设计师，虽然毕业于名牌大学，并且已经有5年的工作经验，但是在自己的事业上却没有实现很好的发展。究其原因，有很大一部分原因是王强在工作中不能做到全情投入。例如，在设计一个东西时，王强总是在设计的过程中做别的事情。在电脑前面设计时，心里总是想着别的事情，一会儿去喝点水，一会儿跟同事聊会儿天，一会儿又看手机。每次有了设计思路之后，都会被其他无关的事情打断。王强这样的工作方式，极大地影响了其工作效率。也正是因为在工作中无法做到全情投入，王强的工作效率非常低，并且设计出的东西总是不符合公司的要求，所以，王强在工作中一直无法得到很好的发展。

在实际工作中，我们很多人都有和王强类似的问题。只有克服这些问题，在工作中做到全情投入，才能在事业上获得成功。

要想能够全情投入地工作，在工作中，可以采用"限时工作法"。

很多人在生活和工作中都有这样的体会：如果我们需要做一件工作，当时间充足时，我们就无法集中精力做事，而是做其他"无用功"。而当最后期限临近时，才迅速进入工作状态，集中精力，高效地完成任务。我们要想全情投入地工作，可以运用"限时工作法"，如图5-8所示。

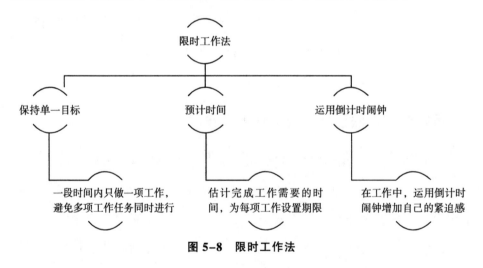

图5-8　限时工作法

忽略了小事就难成大事，对小事全情投入，也能了不起

工作中要全情投入才能获得成功，即使一件小事也应该全情投入。工作中，很多人都存在好高骛远的问题。认为自己空有一身本领，却做着不起眼的工作，就出现了小事不想做，大事做不了的情况。这样的心态是不

利于我们取得成功的。实际上，只有做好小事，我们才能做好大事。如果连小事都做不好，就难成大事。只有在做每一件小事时都做到专注，做好每一件小事，我们才能取得最终的成功。

洛克菲勒是著名的世界石油大王。而洛克菲勒之所以能够取得成功，就是因为他能够在小事上做到专注。洛克菲勒在最初到石油公司工作时，既没有学历，又没有技术，被分配去检查石油罐盖有没有自动焊接好。这是整个公司最简单、枯燥的工序。每天洛克菲勒看着焊接剂自动滴下，沿着罐盖转一圈，再看着焊接好的罐盖被传送带移走。虽然洛克菲勒在最初对这份工作同样有抱怨，但洛克菲勒却很快接受了这个状态，决定把这份工作做好。

洛克菲勒开始认真观察罐盖的焊接质量，并仔细研究焊接剂的滴速与滴量。他发现，当每焊接好一个罐盖，焊接剂要滴落39滴，而经过周密计算，实际上只要38滴焊接剂就可以将罐盖完全焊接好。经过反复测试、实验，最后洛克菲勒终于研制出"38滴型"焊接机，也就是说，用这种焊接机，每只罐盖比原先节约了一滴焊接剂。而就是这一滴焊接剂，一年下来却为公司节约出5亿美元的开支。年轻的洛克菲勒就此迈出了走向成功的第一步，直到成为世界石油大王。

从洛克菲勒的成功之路我们可以看出，只有做好小事，才能成就大事。

从上述的内容中，我们可以看出，一件小事以及全情投入地工作对于我们成功的重要性。在工作中，如果我们能够把一件小事做好，做到极致，同样能够取得非凡的成就。

日本的寿司第一人——小野二郎，在日本的地位非常崇高，非常受人尊敬。在他的一生中，正是因为在对待每一件小事上都全情投入，才能取得如此卓越的成就。在教授徒弟时，小野二郎也要求徒弟全情投入地做好每一件小事。

中泽在小野二郎的店里做了10年学徒，才有机会练习煎蛋。而在这十年中，中泽主要学习拧毛巾。只有学会了拧毛巾，才能学用刀和料理鱼。中泽经过十年的基础练习之后，才开始练习煎蛋。而在煎蛋的过程中，即使中泽感觉自己煎蛋已经很熟练了，但仍然无法达到师傅的标准。最终，中泽花费了四个月的时间，经历 200 多个失败品后做出了第一个合格的成品。当小野二郎说"这才是应该有的样子"并终于承认其为"职人"时，中泽高兴得哭了。

正是能够做好每一件小事，才能取得大成就。所以，在工作中，我们要想在事业上取得成就，就要学会在小事上全情投入，做好每一件小事。

5.5
专注于产品，钟情于品质

工匠精神，指的是工匠对自己产品的精雕细琢、精益求精的精神理念。工匠精神的核心就是对自己的产品精雕细琢，不断改善自己的工艺，享受产品在自己手中升华的过程。由此我们可以看出，工匠精神，其最核心的内容就是要专注于自己的产品，并通过不断的努力提升产品的品质，在追求极致的过程中，缔造出经典的作品。我们要想在自己的职业生涯中获得更好的发展，成为一名真正的匠人，就要学会专注于产品本身，并以不断提升产品品质为目标。

把关注点放在产品本身

产品，不论对于企业还是消费者来说，永远都是第一位的。产品的品质在市场竞争中起着决定性作用。产品品质低劣，就无法在激烈的市场竞争中获得自己的一席之地，也就无法依靠产品取得事业上的成功。现代职场中，由于竞争日益加剧，导致很多职场人在工作中的关注点已经不再是产品本身，而是将更多的精力放在了与同事之间的争斗或是讨好上司升职加薪等方面。一旦出现这样的情况，是非常不利于自己的发展的。过分关注产品以外的内容，就会导致自己在产品本身倾注的精力不够，从而导致产品质量下降。而没有了好产品，也就意味着失去了个人的核心竞争力，无法实现长远的发展。

李林是一名产品研发人员，工作能力很强。但是，由于将过多的精力放在了产品之外的地方，导致李林在公司一直无法得到提升。李林毕业于名牌大学，在专业能力上也非常突出。在刚刚走上工作岗位时，李林将自己全部的精力都放在了产品研发上，李林研发出来的产品与公司其他同事研发出来的产品相比，总是更加具有创新性，产品质量更好。上级领导非常器重李林，有意将其提拔为研发部副总监。但是，在工作了一段时间之后，李林开始将更多的精力放在了与上司搞关系、与同事竞争等方面，导致李林的业务水平急速下降，所研发出的产品质量越来越差。

最终，李林虽然将自己大部分的精力都放在了与上级领导搞好关系上，却因为所研发的产品质量差而最终无法得到晋升。李林对此感到非常不解，于是向上级领导询问，上级领导告诉李林："一个职场人的核心竞争力是其所生产出的产品，而不是与同事搞好关系。要想在自己的职业生涯中获得更好的发展，就要将自己更多的精力放在产品上，提升自己的核心竞争力，不要将过多的精力放在与产品无关的事情上。"

通过李林的案例，我们可以看出，一个人要想获得更好的发展，就要把自己的关注点放在产品本身，而不是一些产品之外的事情上。只有这样，才能让自己的技艺不断精进，让自己所生产的产品的质量不断提升。在这一过程中，我们的核心竞争力也在随之提升，从而获得更好的发展。

培养以质量和品质取胜的思维模式

一个一流的匠人，其核心竞争力和价值的来源一定是其所生产的具有经典品质的产品。只有不断提升产品的质量和品质，才能在激烈的竞争中立于不败之地。要想成为一名真正的匠人，就要培养自己以产品质量和品质取胜的思维模式。在工作中，少一些私心杂念，将自己的精力专注于提升产品的质量和品质上。

很多人在市场竞争中，并没有以质量和品质取胜的思维模式。没有将自己的精力放在如何提升产品的质量和品质上，而是企图通过降低价格、炒热点营销等方式提升产品的销量。实际上，这样的做法即使可以在短期内提升产品的销量，却不利于实现长远的发展。只有产品本身质量过硬，才能获得持续的竞争力。

"德国制造"已经成为了质量保证的代名词。正是由于德国人的工匠精神，将全部的精力放在了提升产品质量上，才使得"德国制造"享誉全球。德国人在制造产品的过程中，主要依靠优质的产品质量取胜，而不是依靠价格等其他因素。例如，很多德国产品价格明显高于其他国家所生产的产品，但是，不论在口碑还是销量上，仍然明显高于其他国家所生产的产品。德国人生产的工业制造品，大到挖地铁的掘进机，小到文秘工作中的订书机，从质量上讲都是世界第一。以德国厨具为例，德国锅具具有天然抗菌和耐高温性质，既能节能环保，导热效果又极佳，以至于人们常说："使用这种德国锅具，一根蜡烛就能弄一顿美味佳肴。"德国人生产的一口锅可以用上 100 年，因此很多德国人用的都是奶奶辈传下来的锅。

正是德国人这样以产品质量和品质取胜的思维模式，让其能够不断生产出经典产品，拥有持续的竞争力。

以消费者为本的设计原则

任何产品所面对的人都是消费者，同时，消费者也是决定产品价值高低的最终评判者。一个优质的产品，必定是能够获得消费者认可的产品。在专注于产品的过程中，要以消费者为本作为产品设计原则，最大限度地满足消费者的需求。

肯德基是一个外来的快餐品牌。如今，已经遍布我国的各个城市，被很多年轻人喜爱。肯德基之所以能够取得今天的成绩，与其以消费者为本的设计原则是分不开的。在肯德基，你会发现它已经在口感、口味的设计上，跟我们中国人所要的完全贴近，如推出"老北京肉卷""翡翠芙蓉汤"等。

通过肯德基的案例我们可以看出，在设计产品时，只有站在消费者的角度，以消费者为本，真正满足消费者的需求，才是真正优秀的产品。

6

严谨：千锤百炼诞生经典

　　一流匠人所具备的一个素质就是在工作中的严谨。任何经典作品，都是经过反复的雕琢而诞生的，在这一过程中，需要工匠对产品倾注无数的心血，只有做到严谨，才能尽可能避免可能存在的失误，从而将产品的每一个细节都做到极致。最终，经过千锤百炼诞生出经典作品。我们要在工作中发扬工匠精神，就要在工作中做到严谨，用在工作中的一丝不苟，帮助自己获得进步。

6.1
优秀与合格的区别就在于多出来的1%的认真

　　合格，指的是符合标准；而优秀，指的是出色，非常好。在工作中，能够把工作做到合格的员工，可以成为合格的员工；而能够把工作做到优秀的，才能够称得上是一流匠人。工作中，优秀与合格的区别就在于多出来的1%的认真。在工作中多一些严谨，多一些认真，就能发现很多之前被忽略的问题，并通过解决这些问题将工作完成得更加出色。当我们用比平时多出来的认真，将自己的工作做到优秀时，我们的发展空间就会变得更加广阔。

一流匠人的严谨与认真

　　工作中，优秀与合格的区别就在于多出来的1%的认真，正是因为在工作中付出了更多的严谨与认真，才使得一流匠人能够将工作做得比其他人更加出色。也正是因为在工作中付出了更多的严谨与认真，才使得匠人能够做到极致，缔造出经典的作品。

　　中央电视台播出的纪录片《我在故宫修文物》，让人们知道、了解了文物修复师这一职业。文物修复师是一个比较冷门的职业，平时并不为人所知。但是，文物修复师却凭借着自己精湛的技艺，以及对待工作的严谨与认真，将一件件文物修复好，让其焕发出最初的光彩，文物修复师是真正的一流匠人。而文物修复师之所以能够成为真正的匠人，能够将每项工作都完成得非常优秀，与其在工作中的严谨与认真是分不开的。

王津是故宫的钟表修复师，睿智儒雅，在故宫工作已经将近四十年，其主要的工作，就是对古钟进行修复。由于故宫中的那些钟表曾经是皇宫贵族所使用的，与一般的时钟不同。这些古钟通常除了走时的功能以外，还有其他特殊的功能。所以，要修复那些古钟的功能，具有相当大的难度。而王津正是凭借着自己精湛的技艺，以及在工作中的严谨与认真的精神，将每一项工作都完成得非常优秀，把每一座古钟都修复得完好如初。

通常，修复一座待修的钟表，需要经历多个步骤，首先要对钟表进行拍照记录，然后制定修复方案，制定好修复方案之后，就要对钟表进行拆解、清洗、补配、组装、调试等操作，最终将钟表调至正常运转后，才能进仓库保存。王津修复的最有代表性的钟表当属乾隆皇帝的铜镀金乡村音乐水法钟。为了修复这座钟表，王津耗时八个月，终于重现了这座钟表的样子。修复后的铜镀金乡村音乐水法钟，会发出悦耳的铃声，其中的天鹅长长的脖颈低垂下来，小狗开始低头喝水，小鸡扇动着翅膀啄食，大门打开，女子开始织布，河水流动起来了，岸边的风景也好似活了一般。

在工作中，王津非常认真，每天早八晚五，在办公室经常一坐就是一整天，几十年如一日。同事们都为王津这种耐得住寂寞，在工作中严谨认真的态度所折服。也正是因为在工作中的严谨与认真，让王津在自己的工作领域不断精进，不断取得优秀的成绩。

在工作中更加认真，在工作中变得优秀

我们要想让自己在工作中从合格变得优秀，就要在工作中变得更加严谨与认真。通过这样的方式，使我们能够在工作中不断精进，直至成为一名一流的匠人，在自己的工作领域获得成功。

张琳是一名广告公司的职员。在工作中，张琳总是得过且过，认为只要能够把上司交代的任务完成就行，不用在工作中花费过多的精力，张琳所做的工作都是马马虎虎，游离在及格线上下。就这样工作了两年，张琳

在工作中仍然是原地踏步，甚至连比张琳晚进公司的同事都已经升职做了张琳的领导。面对这样的情况，张琳认识到自己对于工作不够认真，所做的每一项工作都只是勉强合格，而没有做到优秀。为改变这样的状态，张琳在工作中变得更加认真。对于上司交代下来的任务，不论工作大小，张琳都会非常认真严谨地将其完成。由于张琳把每项工作都完成得非常出色，渐渐被上司所重视，最终成功升职。

与张琳一样，我们要在工作中变得更加出色，就要在工作中变得更加严谨认真。在这一过程中，需要做到以下三点：

第一，让自己在职场上变得更加专业。我们在职场中所表现出来的专业，除了需要具有专业知识外，还需要在工作中规范自己的行为，从而让自己在职场中表现得更加专业。通过规范自己的行为，也可以让自己在工作中变得更加严谨认真。如何让自己在职场上变得更加专业，就需要做到以下几点，如图6-1所示。

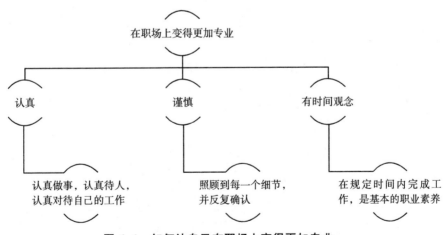

图6-1　如何让自己在职场上变得更加专业

第二，学会写工作日志，定期做总结。在工作中写工作日志，定期总结自己的工作，是在工作中做到认真严谨的一个重要方式。如果能够在工作中刻意地记录自己的工作，包括日常工作、学到的工作经验以及遇到的问题等，并在周末、月末或者不定期地拿出来做总结回顾，就可以有效减少工作中的失误，变得更加严谨认真。同时，还能增加自己的工作经验。对于受教育程度、学习机会、工作平台都相当的人，其出现差距的主要问题就在于是否在工作中有总结的习惯。

第三，勤于整理资料，不懂就问。在工作中经常整理工作资料，对于自己不懂的问题，能够做到不懂就问，可以及时解答自己在工作中的疑问，从而有效避免工作失误，让自己变得更加优秀。

6.2
第一次就把事情做对

"第一次就把事情做对"是著名管理学家克劳士比"零缺陷"理论的精髓之一。只有第一次就把事情做对，才能尽可能降低工作的成本，付出最小的工作代价，而获得最大化的收益。很多人认为在工作中"第一次就把事情做对"是非常严苛的要求，甚至是不可能完成的任务。即使第一次没有把事情做对，也还可以做第二次、第三次。实际上，如果第一次不能把事情做对，而是需要后续的多次改正，会严重影响工作效率，甚至会造成巨大的经济损失。第一次就把事情做对，是一个匠人严谨工作的重要表现。

第一次做对最便宜

在工作中，如果能够第一次就把事情做对，则是可以付出最小的工作代价，而获得最大的工作绩效的工作方式。针对一件工作，第一次就把事情做对最便宜。如果不能在第一次就把事情做对，为了完成工作，则很有可能需要付出更大的代价。

某家广告公司的员工在工作中，由于没有能够第一次就把事情做对，导致在后期改正的过程中付出了很大的代价。这名员工在为客户制作的宣传广告中，将客户的联系电话中的一个数字弄错了。当他们把制作的宣传单交给客户时，客户由于时间紧，第二天就要在产品新闻发布会上使用它，因此没有详细审核就接收了。直到新闻发布会结束后，在整理剩下的宣传单时，才发现关键的联系电话有错误，而这样的宣传单已发放了 3000 多份。

由于出现了这样的错误，客户非常生气，并且向广告公司要求巨额的赔偿。无奈之下，广告公司只能按照客户的要求进行了赔偿，而这个错误给广告公司带来的损失远远不止于此。由于这个错误影响巨大，导致广告公司在客户之间信誉度急速下降，业务量也明显减少了。这家本来具有很好的发展前景的公司，生意一天不如一天。也正是因为这个员工没有在第一次就把事情做对，即使在事后补救，也无法挽回给公司造成的巨大损失。如果这名员工对待工作能够更加严谨一些，在第一次就把事情做对，就不会发生之后的一系列问题。

第一次就把事情做对，相比第一次没有把事情做对，而进行第二次、第三次，甚至更多次的修改，可以用最小的成本完成一件工作，获得最大的效益。

了解标准，才能第一次就做对

我们在了解了第一次就把事情做对的重要性之后，还要了解把事情做对的标准。通常，我们在做任何工作的时候，都有一定的衡量标准。所做的工作如果能够达到既定的衡量标准，那么就可以说是把事情做对了；而如果所做的工作没有达到既定的衡量标准，则表示事情没有做对，还需要做进一步的调整和改进。把工作做对，就是要把工作做得符合标准。

麦当劳是著名的快餐品牌，受到了年轻人的喜爱。为保证工作效率和服务质量，麦当劳给员工的工作设置了一系列的标准，要求员工把工作在第一次就做对，做到符合标准。例如，对于汉堡包中肉饼的制作工序，麦当劳制定了明确的工作标准："牛肉原料必须是精瘦肉，脂肪含量不得超过19%。牛肉绞碎之后，一律做成直径为98.5毫米，厚度为5.65毫米，重量为47.32克的肉饼。"员工在制作肉饼时，只需要按照制作标准严格执行，就可以做出符合要求的肉饼。又比如，对于薯条的制作，麦当劳同样提出了具体的标准。麦当劳要求必须在50秒内制作出一份炸薯条。为了确保食品的新鲜度，麦当劳规定薯条炸好后 7 分钟内如果卖不掉，就必须立即扔掉。员工是否把事情做对了，就可以通过自己的工作是否符合既定的标准来衡量。如果所做的工作符合既定的工作标准，那么就是把事情做对了，而如果所做的工作不符合既定的标准，则代表没有在第一次就把事情做对。

通过麦当劳的案例，我们可以看出，所谓的把事情做对，就是要把事情做到符合一定的标准。如果事情有一定的标准，就会给我们的工作带来方便，如果能够严格按照标准做事，就能够保证在第一次就把事情做对。

严格要求让员工学会第一次就做对

第一次就把事情做对，对于我们提升工作效率，降低工作成本具有重要意义。我们在工作中，要争取在第一次就能把事情做对，少走弯路。

华为在管理员工时，就对员工提出了"零缺陷，第一次就把事情做对"的要求。零缺陷观念意味着质量是完完全全符合要求，而不是浪费时间去算计某个瑕疵的可能危害能否容忍，其核心就是"第一次就把事情做对"，是在所有环节上都要第一次就把事情做对。华为提倡在每个层级都要把事情做对，最终才能促成将一件工作在第一次就做对。华为制定了一系列的标准和工作流程，每个员工都要在充分了解工作要求的前提下，按照流程工作。不论员工处于哪个工作岗位，都要在工作中对自己严格要求。只有这样，员工才能在工作中做到细心、认真、严谨，从而在第一次就能把工作以较高的标准完成。通过这样的方式，华为保证了在工作中，能够在第一次就把事情做对，不仅提升了工作效率，还在用户中获得了良好的口碑。

通过华为的案例，我们可以看出，要想在第一次就把事情做对，需要做好以下三点，如图 6-2 所示。

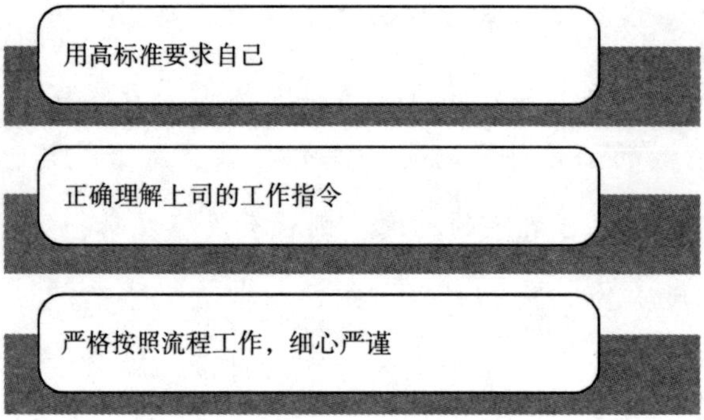

用高标准要求自己

正确理解上司的工作指令

严格按照流程工作，细心严谨

图6-2 如何在第一次就把事情做对

6.3

不做"差不多先生"

"差不多先生"，原本是胡适在《差不多先生传》中虚构的一个人物。在《差不多先生传》中，"差不多先生"的口头禅就是："凡事只要差不多就好了。""差不多先生"在买红糖时买成了白糖；把十写成千；把山西看成陕西。甚至"差不多先生"在临终前都说："活人同死人也差不多，凡事只要差不多就好了，何必太认真呢?""差不多先生"后来代表了一种做事不追求更高境界的作风。

现代职场中，由于生活节奏不断加快，竞争日趋激烈，人们的工作风气也变得越来越浮躁。在工作中，同样是做到差不多就可以，缺少了一些严谨的作风。而这种差不多的心态，是不利于我们在工作中精益求精的。面对工作，我们要避免成为"差不多先生"，对待任何工作都要做到严谨，精益求精。

工作中要有不苟且的态度

苟且，指只顾眼前，得过且过；马虎，敷衍。而不苟且，指的则是一丝一毫不草率不苟且的做事态度。在工作中，如果我们总是得过且过，任何事情都只是做得差不多，而无法做到极致，那么我们的工作最终也只能是马马虎虎，在工作中也无法取得成就。不做"差不多先生"，首先就要在工作中有不苟且的态度。面对任何工作，都要有一丝不苟的做事习惯和态度。当我们在做一项工作时，能够做到严谨认真，追求极致，工作自然能够做好，我们也能够在这种精益求精、一丝不苟的工作状态中收获成功。

著名主持人汪涵，在刚刚参加工作的时候，由于学历较低，仅仅是一名剧务，也就是一名勤杂工。但是，面对工作，即使是一件非常小的工作，汪涵都能做到一丝不苟，将自己工作范围内的每一项工作都完成得尽善尽美。1998 年，湖南卫视的《真情对对碰》节目中缺少一位男主持人，当时已经是湖南卫视著名主持人的仇晓被汪涵一丝不苟的工作态度所打动，在参加试镜时发现了汪涵的才华。于是，仇晓一手提携汪涵走上了主持岗位。汪涵在走上主持岗位后，面对工作仍然非常严谨。也正是因为这样的努力和一步一步地拼尽全力，汪涵才取得了今天的成就。

我们在工作中，应该像汪涵一样，面对工作一丝不苟，始终抱有一种不苟且的态度。而在工作中总是得过且过，归根结底是因为缺乏责任感。我们要在工作中做到始终抱有一种不苟且的态度，就要做到以下三点，如图 6-3 所示。

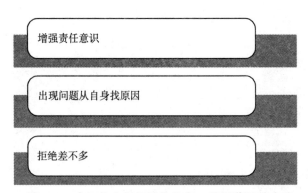

增强责任意识

出现问题从自身找原因

拒绝差不多

图 6-3　在工作中如何始终抱有一种不苟且的态度

在工作中做一个完美主义者

"差不多先生"的宿敌是完美主义。完美主义者最大的特点就是追求完美，完美主义者对于完美有一种与生俱来的冲动，他们将这股精力投入到那些与他们生活息息相关的事情上面，努力去改善它们，尽量使其完美，乐此不疲。在工作中做一个完美主义者，有利于我们避免在工作中得过且过，接受差不多；在工作中做一个完美主义者，可以促使我们将每一件工作都做到完美，做到极致。通过做工作中的完美主义者，可以保证我们将每一项工作都做到极致。而当我们把每一项工作都做到极致时，自然就会获得成功。

苏芒，时尚集团总裁，《时尚芭莎》总编辑，素有中国时尚女魔头的称号。而苏芒之所以能够取得这样的成绩，很大一部分原因是苏芒是一个工作中的完美主义者。面对工作，苏芒总是追求完美，并且竭尽全力将每一项工作做好。苏芒曾说："追求完美是一个女人最大的野心。"在苏芒初入职场的前两年，有幸遇到了一位追求完美的女上司，对于每一项工作中的每一个细节，她都力求完美。对于苏芒每次交上去的报告，这位女上司都亲自修改。并且告诉苏芒，工作要做到自己觉得满意为止，而不是得过且过。能做到你自己满意，也就是做到你现在水平里的最好，那就是你的完美主义了。正是因为苏芒在工作中一直做一个完美主义者，才使得苏芒能够将工作做到极致，并从众多竞争者中脱颖而出，取得如此优秀的成绩。

避免依靠惯性工作

对于"差不多先生"，表面上缺的是不苟且的态度和习惯，本质上其实是不带脑子地做事，懒于思考，做事只凭惯性。长此以往，也就积习难改，更加不会思考。要想避免在工作中成为"差不多先生"，就要学会面对工作时，避免只凭借惯性完成工作。

张玲是一家公司的职员。在工作中，张玲有意识地主动思考问题，避免成为工作中的"差不多先生"。一次，上司忙于其他的工作，给张玲打电话，要其帮忙购置一些活动用品。但因为实在太忙没时间详细交代，只说了一个品牌的名字。在这种情况下，如果是一些不会主动思考的"差不多先生"，只会简单购买一些物品，也不会在意所购买的物品是否是公司所需要的；又或者是打电话询问上司，但是上司已经很忙了，打电话询问只会招致上司的反感。

张玲面对这一问题，主动思考。她回想起上司说过这个是要给嘉宾用的，所以质量和款式都要挑好一些的。至于要买多少量，她直接要了店里老板的电话，说如果不够再叫他送货过来。张玲就是在工作中做到了主动思考，从而将问题很好地解决了。

6.4

尊重并精心打磨每一个细节

　　我们要在工作中做到严谨，一个很重要的方面就是要做好细节工作。只有在细节之处做到严谨，尊重并精心打磨每一个细节，才能将产品做到极致，成为一名一流的匠人。在实际的工作中，有很多人都忽略了细节。人们总是将自己的工作重点放在干大事上，而对于产品中的细节之处却选择忽略。殊不知，任何一件经典的作品一定是由各种精致的细节组成的。只有把每一个细节做到极致，产品才能从量变转化为质变，成为一个极致的经典作品。

只有做好细节才能获得成功

　　一个人要将一件工作做到极致，首先要做好细节，也只有做好细节，才能取得成功。在工作中，如果忽略了细节，那么一定不能给用户带来极致的体验，自然也就无法获得成功。现在是一个精细化的时代，只有注重细节，尊重并精心打磨每一个细节，将细节做好，才能不断进步。细节成就完美，把细节做到极致就是成功。

　　小米董事长雷军的创业秘诀就是要把细节打磨到极致。小米之所以能够在创业之初迅速获得成功，与其注重细节是分不开的。当小米旗下的员工发展到 2400 名，年销售额达到 126 亿元的时候，董事长雷军依然用小公司的形式运营小米，其目的就是以小项目团队的方式，把产品的细节打磨到极致。小米董事长雷军有一个工作习惯，就是每周一的上午九点半到下午一点半之间不吃饭，而是只用来专心做一件事，即与小米一线的工程师、设计师以及产品经理讨论怎样把产品的细节做好。

小米的 UIV5 产品中，其中有一款多看的阅读应用，是小米用了两年的时间研发出来的，其中包括了 3000 本书。而这 3000 本书，则是从 76 家出版社的几十万本书中挑选出来的。每一本书都用了例如图文混排、数学公式等精排。当雷军发现 PC 端有许多扫描版文件无法观看时，就把它们切成一个个小方块，按照手机的屏幕尺寸进行重新排列，让它们在手机上也能阅读。

正是因为雷军这样对细节的坚持与打磨的精神，才让小米能够不断进步，不断做出精品。也正是因为小米手机对细节的打磨，让小米能够受到用户的喜爱，最终取得成功。

只有做好细节才能获得成功。我们在工作中，同样应该像小米一样，即使对于一个小细节，都要精心打磨，只有这样，我们才能不断创造出精品，在自己的职业生涯中走得更远。

找到做不好细节的原因并解决

做好细节对于我们的工作具有重要的意义，但是，在职场中，往往有很多人都做不好细节。细节决定成败，如果做不好细节，一定会失败。工作中，不乏由于细节做不好而导致全盘皆输的例子。任何一件工作都是由无数个细节组合而成的。如果在工作中，每一个环节都做不好，细节部分做得一塌糊涂，最终只能导致一件事情的完全失败。

我们要做好细节，首先要知道我们为什么做不好细节。只有找到问题的症结所在，然后对症下药，才能逐渐把细节做好。通常，我们做不好细节大致有以下几种原因。

原因一：先入为主，导致工作中无法引起足够的重视。很多人在工作中，看到一项细节性的工作，总是先入为主，认为这是一项细节工作，很小，随便做做就可以。这样的心态导致我们在实际做这项工作时，下意识地认为这是一件小事，很容易完成，在工作时没有投入足够的精力，引起足够的重视。最终导致做这项工作时只是草草了事，而没有做好细节工作。例如，给客户写邮件、发邮件这件工作，很多人都认为是一件小事，在工作中并没有引起足够的重视。可是，正是因为对这件事情的重视程度不同，导致所做的结果也有很大不同。做好细节的人为客户写的邮件打开率远远高于没有做好细节的人。也正是因为这种小事，导致不同的人在工作中逐渐拉开了差距。

原因二：对细节缺乏耐心，总是草草了事。一些人做不好细节的另一个原因就是对细节缺乏耐心。遇到细节性的工作后，总是认为这种"小事情"无关紧要，遇到问题马马虎虎，总是轻易放过很多可以让自己得到成长的机会。例如，由于做事马虎，出现问题时，就会以"这个问题我没想过"或者"这种情况我没遇到过"为理由搪塞，却没有想要通过做好细节而取得进步。

原因三：主观上不认可自己的工作。有的人做不好细节工作是由于在主观上不认可自己的工作，认为自己的薪酬很低，没有必要对工作认真。工作中只是做好表面工作，马马虎虎过得去就可以，也就无法在工作中投入更多的精力，面对细节工作总是选择视而不见。实际上，这种情况只能形成一个恶性循环，如果做不好工作，工作只能原地踏步，那么工资自然很低。

关注并且做好细节，能提高工作效率。细节存在于系统之中，成功取决于系统，表现为细节。细节决定成败，细节也改变了世界。我们只有尊重并精心打磨每一个细节，才能把每项工作都做到极致，也只有这样，才能让我们不断取得进步，不断提高工作能力，在自己的职业生涯中一步一步上升，直至取得最终的成功。

在工作中，我们要想做好细节，主要有以下几个问题，如图6-4所示。

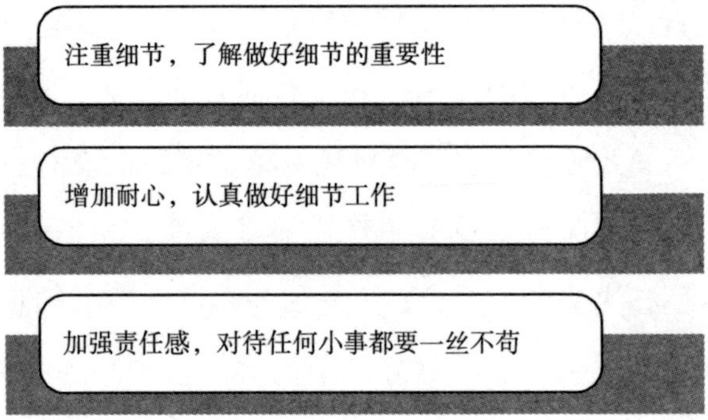

注重细节，了解做好细节的重要性

增加耐心，认真做好细节工作

加强责任感，对待任何小事都要一丝不苟

图 6-4　如何做好细节工作

6.5
把失败的教训刻在骨子里

　　人生不可能总是一帆风顺，工作也是一样。在工作中，我们会因为各种原因导致自己失败，这是每个职场人都必须要经历的。但是，失败是成功之母。工作中出现失败并不可怕，只要我们能够正视失败，找出失败的原因，并从失败中总结经验教训，为之后的工作提供借鉴，就能在之后的工作中更快地获得成功。我们在工作中要善于从失败中吸取经验教训，把失败的教训刻在骨子里，只有这样，我们才可以做到严谨，并且逐步走向成功。

正视失败是走向成功的前提

　　"失败是成功之母"，没有失败的经历和磨难，就不可能产生成功的感悟。任何人都有可能失败，面对失败的不同态度，则决定了之后的境遇。一些不能正视自己失败的人，在失败之后，总是无视并试图掩盖自己的失败。当失败之后，总是从他人身上寻找失败的原因，而无法正视自己的行为。这种无法正视失败的人，也就无法真正从失败中获得教训，总结经验，自然也就无法为之后的工作提供帮助和借鉴意义，也就无法在今后的工作中取得成功；而能够正视自己失败的人，当失败之后，都能够客观地分析自身失败的原因，并从中总结出经验教训，为之后的工作提供借鉴，帮助自己更快地获得成功。

　　总体来说，失败并不可怕，每个人都会失败，但是，成功的人之所以能够取得成功，就是因为其能够正视自己曾经的失败，最终才能取得成功；而失败的人则无法正视自己的失败，从而在失败中一蹶不振，永远无法获得成功。我们在工作中，要想获得成功，就要学会正视自己的失败。

美国著名的交易大师迈克尔·马科斯的成功经历是"失败是成功之母"的典范。迈克尔·马科斯 1969 年进入期货市场，开始时由于是新手，缺乏交易经验，先后多次遭到全军覆没。他亲口对记者说，他的头 8 次交易全部输光，后来他遇到名师艾德·西柯塔，教他如何顺势而为、如何止损、如何赚足利润等方法。同时，他认真总结了过去的失败教训，彻底改掉了逆势交易、过量交易的习惯，才开始朝成功迈进，在做交易员期间，他管理的账户 10 年间增值 2500 倍。

从以上的案例中我们可以看出，正视自己的失败，对我们的工作具有非常重要的帮助。我们在工作中，也要做到正视自己的失败，如图 6-5 所示。

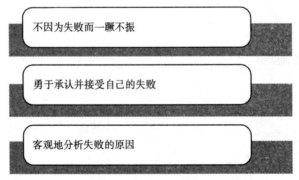

不因为失败而一蹶不振

勇于承认并接受自己的失败

客观地分析失败的原因

图 6-5 如何正视自己的失败

善于总结失败的教训

失败之所以能够成为成功之母，是因为失败能够对我们的成功起到指导意义，而失败能够对我们今后的工作提供指导意义的前提则是能够总结失败的教训。如果在失败之后，无法总结失败的教训，那么失败则无法为我们今后的工作提供指导，在今后的工作中，也就无法避免之前出现的问题，从而再次失败。我们要将失败的教训刻在骨子里，就要善于总结失败的教训。

陆永是我国的奥运举重冠军。而陆永之所以能够取得今天这样的成绩，与其善于总结失败的教训是分不开的。从 2005 年夺得首个世界季军，到 2007 年世锦赛遭遇滑铁卢，再到 2008 年实现中国举重大级别奥运金牌零的突破，陆永获得了个人事业的进展，也为祖国增添了荣誉。

2005 年，在卡塔尔的举重世锦赛，是陆永代表中国队第一次征战国际大赛。但是，在六把试举全部成功之后，陆永最终却以总成绩与冠军仅仅一公斤之差获得银牌；2007 年泰国清迈世锦赛上，陆永再度披挂上阵，却因事前并不知晓的舟骨疲劳性损伤仅举起抓举、挺举开把重量，最终只获得了总成绩第七的成绩；在经历了之前的失败后，陆永通过短短 5 个月的恢复训练，在 2008 年北京奥运会选拔关键战役中，陆永六把试举再次大获成功，以总成绩 393 公斤为他在北京奥运会上笑傲登顶奠定了坚实的基础。

而陆永之所以能够在经历了前两次的失败之后，能够在北京奥运会上获得成功，则是因为他能够很好地对自己失败的原因进行总结，并为之后的比赛提供借鉴与帮助。陆永在总结自己失败的教训时说："在奥运村时我每天都在思考，为何 2005 年世锦赛、2008 年奥运选拔赛成功率均能达到百分之百，而 2007 年世锦赛只成功了两把，主要原因是他太渴望这枚金牌，想的比做的多，反而适得其反。"

将教训转化为经验，用失败推动自己进步

失败并不可怕，如果能够恰当地对待自己的失败，那么失败就会成为我们成功的催化剂，加速我们的成功。如果能够将总结之后的失败教训转化为我们的经验，能够让我们在之后的工作中，明白在哪些地方需要避免哪些问题，就能够避开工作中的"陷阱"，从而获得成功。

倪萍是中央电视台前当家主持人之一，而倪萍之所以能够取得这样的

成绩，就在于她能够将自己失败的教训转化为自己的经验，并指导之后的工作。这样的方式，让倪萍能够在自己的主持生涯中越走越远。

例如，当年倪萍在主持中央电视台的节目《综艺大观》时，就出现了一次重大的失误。对于直播中的主持人来说，是不可以把手中的话筒交给被采访对象的，因为如果把手中的话筒交给采访对象，主持人手中没有了话筒，则代表着对场面失去了控制。而倪萍在采访一位老专家时，当把话筒递到这位老科学家面前时，老科学家顺势就接了过去。倪萍失去了手中的话筒，顿时变得紧张起来。在老专家发言的过程中，倪萍几次想把话筒接回来未果。节目播出之后，很多观众都来信批评倪萍不尊重老科学家。

面对这次失败，倪萍并没有从此一蹶不振，而是在总结了失败的教训之后，将教训转化为了自己的工作经验。倪萍认为，自己之所以出现这样的错误，是因为在直播之前没有与这位老科学家进行交流，不了解其个性以及说话的方式。在之后的工作中，倪萍总会在节目之前与嘉宾进行沟通，对其深度了解。也正是因为这样，倪萍不断获得进步。

在工作中，我们要想将教训转化为经验，用失败推动自己进步，就要做到以下三个方面，如图6-6所示。

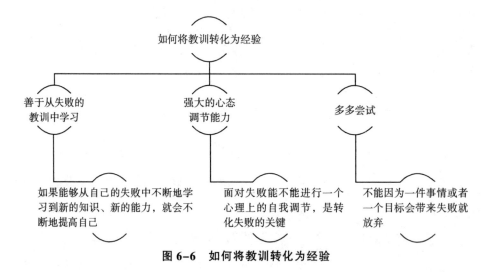

图6-6　如何将教训转化为经验

7

执着：跟自己较劲的"傻子精神"

工作想要获得成功，需要一些执着的精神。执着，可以理解为坚持不懈，甚至在某些层面上还会有些固执或者拘泥。但是，在日复一日的枯燥工作中，则必须有一些跟自己较劲的"傻子精神"，有一些执着。日复一日的执着，把一件事情做好，便是"工匠精神"。如果在工作中缺少了执着的精神，那么面对枯燥的工作，则很容易被干扰。如果不能执着于自己的工作，也就无法取得成功。

7.1
工作中需要一点"一根筋精神"

一根筋，通常被认为是认死理、不妥协。在工作中，特别是面对工作中出现的困难和矛盾时，需要有一些"一根筋精神"，才能不被困难打倒，在工作中取得持续不断的成功。这里所说的"一根筋精神"，并不是死板、刻薄，而是在保证正确的前提下的"一根筋精神"，在工作中，不妥协的前提是经过深入的思考之后，确定自己当前行为的正确性的情况下。

在"枯燥的重复"中执着坚守，是一种追求，一种信仰，更是一种精神力量。在自己的工作中注入一点执着的"一根筋精神"，能够帮助自己在工作领域中走得更远，不断向匠人的目标迈进。

唯有执着才能走向成功

对待工作，我们很多人都缺少一些执着的精神。在工作过程中，可能会因为各种各样的原因而选择放弃。但是，想要获得成功，唯有执着。没有任何事情是一蹴而就的，都需要经过千锤百炼。而那些令人敬仰的一流匠人之所以能够取得令人羡慕的成绩，同样与其在工作中的执着精神分不开。在工作中，只有具备一些执着的精神，才能够不断进步，最终取得成功。

梁师傅是某船务机电间的一名电工技师，在梁师傅的身上，可以发现执着给职业生涯带来的帮助。起初，梁师傅只是一名普通的电工车间的工人，梁师傅的工作就是负责对船上的发动机进行清洁维护和保养，由于工作非常枯燥，与梁师傅同批入厂的很多同事都在中途选择了离开，而梁师傅却一直坚守在岗位上。梁师傅还利用业余时间学习研究不同类型的发动机，逐渐掌握了各类发动机的内部结构以及工作原理，对于发动机中的每一个细小的零件都了如指掌。由于不断地学习，梁师傅的专业技能有了很大的提升，同时，也由于出色的专业技能，梁师傅被升为了机电车间的作业长。

有一次，公司承接了一艘外国货轮的修理工程，船东要求将绞缆机操作主令进行维修。由于缺乏相关的经验，梁师傅马上查阅相关的资料，不断调整工作方案。有时，梁师傅甚至会在半夜突然从床上爬起来继续研究工作。正是因为梁师傅的执着，使其出色地完成了这项修理外国货轮的工作，使"中国工匠"的精神深深印在了外国船东的心中。

从梁师傅的案例中，我们可以看出，执着的"一根筋精神"对于工作的重要性。正是因为有了执着的"一根筋精神"，梁师傅才能从同批入厂的同事中脱颖而出，在同事们大多都半途而废的情况下，梁师傅坚持了下来，被升为了机电车间的作业长；也正是因为有了执着的"一根筋精神"，梁师傅才能在缺少相关工作经验的情况下，出色地完成了外国货船的修理工作。执着成就了梁师傅，让梁师傅在自己的工作领域中，成为了一名出色的匠人。

"一根筋精神"具有极强的目标感

"一根筋精神"表现在实际的工作中，就是有极强的目标感，这也是在工作中发扬"一根筋精神"的前提。当一个人具有极强的目标感时，他在做任何事情的过程中就会更加坚定，自然就会更加执着。要在工作中发扬"一根筋精神"，需要给自己一个清晰明确的目标，在工作中时刻谨记自己的目标，增强自己的目标感。

吉利集团的董事长李书福在工作中就具有非常明确的目标。吉利汽车曾经因为收购沃尔沃而名扬天下，而吉利之所以能够取得这样的成绩，与吉利集团董事长李书福是分不开的。李书福在工作中非常执着，素有"汽车疯子"的外号。在工作中，敢为人先，认准的事情绝对不会放弃。也正是在他人看来有些"傻"和"愣"的精神，让吉利集团取得了令别人羡慕的成绩。

在工作中要想做到执着，发挥"一根筋精神"，就要明确自己的目标，具有极强的目标感。

两步实现"一根筋精神"

在工作中要有"一根筋精神"，还要正确实现"一根筋精神"，否则，"一根筋精神"在工作中就是死板、固执，不仅不能对工作起到帮助作用，还会拖工作的后腿。要想在工作中正确实现"一根筋精神"，可以分两步实现，如图 7-1 所示。

图 7-1 实现"一根筋精神"的步骤

第一，做正确的事，指的是在工作中选择坚持做一件事情之前，首先要确定你所要坚持的事情是正确的。这是让"一根筋精神"发挥其应有作用的前提条件。如果你所坚持的工作是错误的，那么你就会在错误的道路上越走越远。越坚持，失误越大。这无疑与坚持"一根筋精神"的初衷是背道而驰的。而判断一件事情是否正确，主要可以分为以下三个因素，如图 7-2 所示。

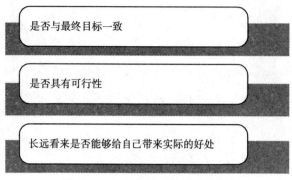

图7-2 事情是否正确的衡量标准

　　第二，把事做正确，指的是在确定了所要坚持的事情后，就要寻找一定的方式方法，用正确的方式把事情做好，以求让所坚持的事情发挥其最大的作用。如果无法找到做事情的正确方法，那么即使确定了要坚持的事情，坚持也只能是浪费时间，而无法给自己带来实际的帮助，没有正确的做事方法的执着是无意义的。在寻找正确做事的方法时，可以从以下几个方面入手，如图7-3所示。

图7-3 把事做正确的具体方法

7.2
用"笨功夫"赢得"硬功夫"

工作中需要有一些执着的精神。那些取得了令人羡慕的成绩的匠人，都是在自己的工作领域中经过了无数的日日夜夜，不断下苦功才获得成功的。要想在自己的工作领域取得进步，就要学会用"笨功夫"赢得"硬功夫"。任何精湛的技艺都需要不断的练习才能够由生疏到熟练，再由熟练到精湛。朝三暮四永远无法掌握精湛的技艺，只有用"笨功夫"勤学苦练，才能最终赢得"硬功夫"，练就精湛的技艺。

要想在工作领域中取得成功，成为一名一流的匠人，首先要能吃苦，在勤学苦练中练就自己的技艺。只有通过勤学苦练，才能实现一次次的进步，而将每次的进步归结起来，自己的技艺就可以实现一个质的飞跃。在这一过程中，一定要能够比他人更能吃苦，更能耐得住寂寞。比别人多一次的练习，就能让自己的技艺比别人更加熟练一些；比别人多一次的失败，就能比别人多发现一个问题；而比别人多一次的思考，就能让自己对于技艺的理解比别人更深一层。只有勤学苦练，肯下"笨功夫"，才能最终赢得"硬功夫"。

郝师傅是一家车间的技术员，在工作中，郝师傅正是因为能够比别人更能吃苦，敢于下苦功，才在工作中取得了骄人的成绩，获得了铁路青年五四奖章。在平时的工作中，当别的同事在业余的时间看电影、打游戏、上网玩乐时，郝师傅仍然在阅读相关的书籍，或者是研究各种电气设备。

郝师傅因为长期地研究电气设备以及记录学习笔记，其手指上磨出了一层厚厚的老茧，而且记录的学习笔记也足足有十本。郝师傅为了弄懂一个不明白的问题，甚至会利用休息的时间，特意跑到几十公里之外的车间向有经验的师傅学习。

正是这样执着的精神，以及在工作中下的"笨功夫"，郝师傅在专业技能上有了很大的进步，甚至超越了车间里的那些经验丰富的老师傅。有一次，车间中的一个设备连续发生故障，就连车间中的老师傅经过多次查找都无法找出发生故障的原因。而郝师傅却非常执着，凭着一股"倔劲"深入分析、排查，不断缩小隐患范围，经过连续两个多小时的观察，最终确定了发生故障的原因，彻底清除了设备隐患。

从郝师傅的案例中，我们可以发现，勤学苦练，敢于下"笨功夫"在工作中的重要性。正是在工作中不断下"笨功夫"，才让郝师傅的专业技能不断精进，甚至超越了那些从业多年、经验丰富的老师傅。也正是这样的"笨功夫"，让郝师傅真正赢得了"硬功夫"，不断进步，在自己的工作领域拥有一流的技艺，成为这一领域的匠人。只有勤学苦练才是成功的唯一道路。

"笨功夫"用对地方才有效

很多人理解的"笨功夫"，就是不管做什么，只要埋头苦干就能获得成功，实则不然。即使要用"笨功夫"获得"硬功夫"，也要选好将"笨功夫"用在什么地方。"笨功夫"只有用对了地方，才能真正发挥作用。我们每个人都有自己擅长的工作和不擅长的工作。对于那些自己不擅长的工作，即使下了"笨功夫"，最终可能还是一无所获；而如果能够将"笨功夫"用在那些自己擅长的领域，那么就会事半功倍。即使要用"笨功夫"，也要选择自己所擅长的工作。有了擅长这一先天的优势，再加上"笨功夫"这一后天的努力，成功就会变得更加容易一些。

小王是一名销售员，由于性格内向，在向客户推销产品的时候常常不好意思开口，甚至当客户主动向小王询问关于产品的问题时，小王也只是简单地回答，致使客户认为小王的服务态度不好。因为自己的工作业绩非常差，所以小王寻找了各种解决方法，例如通过相关的销售书籍学习销售技巧，或者是向其他同事请教如何向客户推销产品。由于自己的性格原因，其销售业绩总是无法提升。

虽然在销售方面无法取得好的成绩，但小王在业余时间却一直保持着写作的习惯，由于文章优秀，还曾经获得过奖项。最终，小王决定辞掉销售的工作，然后找了一份编辑的工作。由于本身就具有比较高的写作水平，再加之小王做编辑工作之后，每天都会利用业余时间阅读大量的书籍，小王的写作水平与之前相比又有了明显的提升，编辑工作也做得得心应手，在编辑的领域获得了持续的进步。

从小王的案例中，我们可以看出，"笨功夫"用对地方才有效，选择自己擅长的领域，肯下"笨功夫"，赢得"硬功夫"就会更加容易。

"笨功夫"也要用巧劲儿

很多人认为所谓的"笨功夫"，就是不动脑子地埋头傻干，实则不然。任何事情都有一定的规律和章法，当你找到了做一件事情的章法，并按照其规律进行一定的练习之后，就可以获得成功。"笨功夫"并不是蛮干，也需要用巧劲儿。找到了学习的方法之后，再按照正确的学习方法下苦功，才能真正获得成功。如果只是一味地不动脑子蛮干，那么即使累死也是无法成功的。

就像我们在解一道数学题的时候，如果找不到合适的解题方法，只是一味地苦思冥想，那么可能想一夜都想不出解题方法。而如果找到了正确的解题思路，只要顺着正确的解题思路，再加以努力思考，答案自然就出来了。这也就是找到正确的努力方法的重要性。

要找到正确的努力方法，我们需要做好以下三个方面，如图7-4所示。

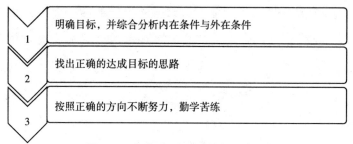

图 7-4 如何找到正确的努力方法

7.3
半途而废等于前功尽弃

半途而废的书面解释为做事有头无尾，不能坚持到底。这样的现象不论是在我们的职场工作中，还是在日常生活中，都非常常见。很多人都有过半途而废的经历。例如，想要减肥却忍受不了痛苦的节食而放弃；想要考研却不能接受早起晚睡的辛苦而放弃；又或者是想学一门外语却因为中途遭遇了一些困难而放弃。这些都是半途而废的真实案例。

但是，不得不承认，半途而废所导致的结果就是前功尽弃。如果在减肥的过程中半途而废，那么体重依然会变成减肥之前的样子，减肥过程中挨的几顿饿全都白费；如果在考研过程中半途而废，那么最终无法考上研究生，之前所学的知识也无法发挥应有的作用；而如果在学习外语的过程中半途而废，那么你始终还是无法掌握那一门外语，之前所做的所有努力都将作废。

半途而废就等于前功尽弃，这样的情况同样适用于我们的工作中。一个一流的匠人之所以能够成功，与其坚持是分不开的。如果他在成为匠人的道路上半途而废，那么就无法成为一名匠人。同样，我们要在工作中发挥工匠精神，就要避免半途而废。只有不断坚持，才能最终感受到成功带来的喜悦。

找出半途而废的原因并解决

没有人喜欢半途而废，而让自己的美好愿望化为泡影，让自己的努力前功尽弃。在做一件工作时，当你想要放弃时，一定是出现了问题。要想遏制自己放弃的想法，成功避免半途而废，首先要找出自己想放弃的原因。只有找到了根源，才能更好地找到解决办法。通常，当我们在工作的过程中，如果产生了放弃这件工作的想法时，可能是出现了以下四个方面的原因，如图7-5所示。

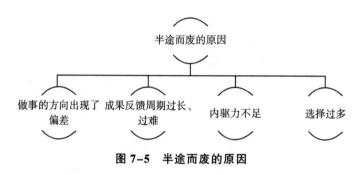

图7-5 半途而废的原因

由图7-5我们可以看出，通常，我们在做一件事情的过程中，产生放弃的想法无外乎出现了以下几种情况。

当我们在做事的过程中，逐渐意识到自己做事的方向出现了偏差后，为了不出现更大的失误，便会选择放弃。

也有可能是由于所做的事情的成功反馈周期过长、过难，而在这一过程中逐渐失去了信心。例如考研这件事情，通常需要经过很长的时间后，才能检验自己的学习成果，在这一过程中，非常容易因为失去信心而放弃。

内驱力不足主要是指在做一件事情的过程中，逐渐对自己所做的事情失去了兴趣，缺少了内心的驱动，自然很容易放弃。

而选择过多，则是指我们在做一件事情的过程中，如果选择过多，不仅会分散我们的注意力，还会浪费我们专注做一件事情的时间。由于其他事情的影响，逐渐使自己放弃了当前所做的工作。

在明确了半途而废的原因之后，才能寻找到有效的解决办法。

用减法做工作规划

之所以会半途而废，很大一部分原因是我们在做一件事情的时候，身边其他的干扰因素过多，从而对自己产生影响，以至于不能够专心工作。要想避免在做一件工作的过程中半途而废，一个有效的方法就是在做一件工作之前，用减法给自己做出一个清晰的工作规划。

小刘是一名程序员，为了防止自己在工作中半途而废，经常在做一件工作之前给自己制订工作规划。小刘即使给自己制订了工作规划，仍然没有任何作用，依然会半途而废。

小刘在制订工作计划时，总是考虑应该增加哪些制度，以控制自己的行为，达到自律的目的。实际上，小刘这种做加法而制订出的工作计划，只是给自己徒增了很多条条框框，致使自己在工作中更加受拘束，更加容易分心。例如，小刘在给自己制订的工作计划中，其中有一条为"工作时要每三个小时做一次工作回顾，检查自己在三个小时之内是否出现了分心的情况，有的话就要及时改正"。这条"工作戒律"从表面上看，经常回顾自己的工作状态，有助于控制自己不分心。但实际上，正是因为"每三个小时检查一次自己的工作状态"这件事情让小刘分了心。每当工作的时候，小刘总是要看时间，而每隔三个小时，小刘就要停下自己手中的工作，做工作回顾。这样，不仅在工作时分散了精力，时间一长，还让小刘感觉到身心疲惫，放弃手头工作的念头反而更加强烈了。

小刘这种做加法的自律方式，产生了与预期完全相反的效果。在制订工作规划时，要做减法，而不是做加法。要做的就是在做一件工作的过程中，尽量减少其他的工作干扰。例如，可以减少工作时与男（女）朋友的聊天时间；可以减少办公桌上的杂物以避免自己分心等。通过做这样的减法，可以有效减少自己工作中的干扰因素，从而避免半途而废。

学会缩短反馈周期

如果反馈周期过长，那么仍有很大的可能性会半途而废。人们总是倾向于反馈周期短的工作，因为如果反馈周期短的话，人们就可以从工作的效果反馈中看到自己的工作成果，从而不断获得信心。当对一件工作总是充满信心的时候，那么就不会容易半途而废。在工作中要想避免半途而废，可以适当缩短自己所做工作的效果反馈周期。

缩短效果反馈周期，可以按照以下方法进行，如图 7-6 所示。

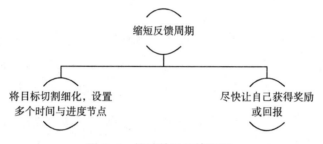

图 7-6　缩短效果反馈周期

将目标切割细化，设置多个时间与进度节点，可以有效降低工作中的心理压力。例如，在一周之后要做一个工作报告，在之后的第一天就可以寻找一些相关的资料；第二天可以将资料进行汇总；第三天可以制定出一个大致的工作报告的内容；第四天将工作报告进行细化；剩下的三天用来完善并熟悉所制定的工作报告。这样，等到一周之后要做工作报告的时候，就能轻松地将工作报告做好。通过这样设置时间节点的方式，能够减小自己在工作中的压力。

而尽快让自己获得回报，则是最直接地缩短反馈周期的方法。在完成一项工作的过程中，可以人为地给自己增加一些回报。如完成某一项工作后，可以奖励自己一顿大餐等。通过这样的方式，维持自己工作中的信心。

7.4
不要期望成功一蹴而就

正所谓"不积跬步，无以至千里；不积小流，无以成江海"，任何成功都不是一蹴而就的，而是需要不断地积累和坚持。只有经历过各种各样的失败与艰辛，才会到达成功的彼岸。在工作中同样也是这个道理。如果想要在工作中获得成功，让自己成为一流的匠人，就不能妄想成功一蹴而就，而是需要在工作中发扬执着的精神，通过不断的努力和坚持来获得最终的成功，在自己的工作领域做到极致。

在工作中，我们需要明确的一点是，任何人的成功都不是一蹴而就的，任何人的成功都是经过千锤百炼而得到的。在今天，我们所看到的那些所谓的"成功人士"，他们的成功与他们在工作中的执着与坚持是分不开的。

著名的地产商，SOHO 中国的董事长潘石屹，之所以能够取得今天这样令人羡慕的成绩，同样是经过无数次的失败与无数次的坚持才实现的。20世纪 80 年代，潘石屹从老家甘肃农村南下来到了深圳。他变卖了自己所有的家当，甚至连睡觉用的棉被也一并卖掉了。当潘石屹到达南头关时，身上仅仅剩下了 80 多元钱。而这 80 元钱，就是潘石屹初次创业时的全部资本。就这样，1991 年，潘石屹与别人合伙创办了公司，通过高息借贷借了1000 多万元炒房，通过这样的方式，仅仅半年，潘石屹的公司便迅速积累了超过千万元的资金。即使在前期取得了一点点成绩，但因为各种原因，公司所积累的资金又全部赔光了。

面对失败，很多人可能会就此一蹶不振，而潘石屹却选择了坚持。即使之前挣的钱全部赔光了，潘石屹还是选择了北上，来到北京，从头再来。也正是因为潘石屹当年的执着与坚持，才有了今天的地产大亨。

从地产大亨潘石屹的经历中，我们可以真真切切地看出，任何人的成功都不是一蹴而就的，在走向成功的道路上，我们需要付出很多，只有执着与坚持才能够帮助我们在工作的道路上走得越来越远，直至获得成功。

总结失败的经验并改正

不论我们所做的是什么类型的工作，我们在工作中都不可避免地会遇到各种各样的挫折与失败。如果在遇到挫折或失败时，你选择了放弃，那么也就意味着你永远不会在自己的工作领域做到顶尖，永远无法成功。任何的成功都不是那么容易得来的，要想获得成功，我们就应该学会在失败中不断地前进。"失败是成功之母"，这是我们每个人都知道的一句话，如果能够真正将这句话践行在实际工作中，我们就会更加容易取得成功。

在做一件工作的过程中，我们之所以会失败，一个重要的原因就是在某些方面仍然存在着很多的不足，而失败就是检验并暴露我们不足的最好方法。通过失败，我们可以找出仍然欠缺的地方并改正，以实现自身的进步。

简是一家机器公司的经理，在工作中，曾因为一次工作失误而导致公司损失了 1000 万元。因为自己的原因而给公司造成了巨大损失，所以简在工作中变得一蹶不振。事情发生之后，简所在公司的董事长约见了简。出人意料的是，董事长并没有因为这次失误而开除简，而是给了简同等重要位置的新职位。而在新职位上的简，吸取了之间的失败教训，在工作中更加用心地经营，以避免之前的错误再次发生。经过几年的努力，简因为出色的工作成绩而成为了董事长的得力助手。

在工作中，我们每个人都应该像简一样，面对失败，不应选择放弃，而是选择在失败中奋起直追，让自己从失败中取得进步。

在失败中不断前进，需要做好以下三步，如图 7-7 所示。

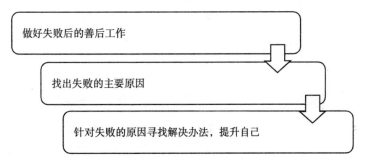

图7-7 如何在失败中进步

用 PDCA 循环每天进步 1%

成功不是一蹴而就的，而是需要日积月累。哈佛大学的老师在课堂上经常对学生讲的一句话就是："成功不是一蹴而就的，如果我们每天都能让自己进步一点点——哪怕是 1%的进步，那么还有什么能阻挡我们最终走向成功呢?"事实上，如果我们每天都能取得一点进步，那么经过长年累月的积累，就能取得非常明显的进步。而每天所进步的一点点，最终就能够促成我们的成功。在工作中，一定要将学习贯穿到工作中的每一天。

在工作中，我们如果想要在每一天都实现一些进步，则可以根据 PDCA循环来检查我们每天的工作，在工作中发现自己的不足，然后找出具体的解决方法。通过每天进行 PDCA 循环，则可以不断完善我们的不足之处，在工作中取得持续的进步，如图 7-8 所示。

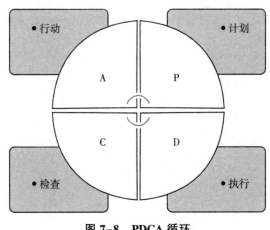

图7-8 PDCA 循环

由图 7-8 我们可以看出，PDCA 循环中 P 是指 Plan（计划），D 是指 Do（执行），C 是指 Check（核验、检查），A 是指 Action（行动）。整个 PDCA 循环实际上是一个制订工作计划、执行工作计划、检查工作成果以及行动的循环过程。通过这一循环过程，我们可以找出工作中存在的不足以及相应的解决方法，以保证我们每一次进行 PDCA 循环时，都可以实现一些进步。

成功需要抓住机遇

一个人的成功不仅需要努力，还需要抓住机遇。机遇对于一个人的成功具有至关重要的作用。德国化学家凯库勒是一个非常勤奋的人。在研究苯分子结构的过程中，凯库勒精心研究了很长时间都没有研究出结果。有一天，他做了一个梦，梦到有一条蛇自己咬住了自己的尾巴，形成一个圆环，这时他猛然醒来，回想刚才做的梦，立刻与他正在研究的苯分子结构联想起来，经过仔细的研究与推敲，终于发现苯分子的结构是圆环状的。凯库勒正是因为抓住了这次机遇，才成功研究出了苯分子的结构。

在工作中，我们应该懂得抓住机遇，机会只有一次，抓住了就有可能取得成功。

7.5

执着不是喊口号

执着不是喊口号，只有落到实处才能发挥真正的作用。很多人在工作中都热衷于喊口号，感觉通过声嘶力竭地喊口号，就能够表现出自己对于工作的执着。但是，工匠精神所表现出来的执着，是要实实在在地体现在实际工作中的。只有在日复一日的工作中，遇到困难不放弃，锐意进取，才是真正的执着。执着不是喊口号，用行动将执着践行于实际工作中，才能够真正发挥执着的作用。

执着要付诸实际

所谓在工作中的执着，不能只是停留在口头上，而是要将执着真正地付诸实际。如果将对工作的执着仅仅停留在口头上，那么则无法对工作产生任何实际的作用，执着也就失去了意义。要将执着付诸实践，在实际工作中表现出自己的执着。

小郑和小刘是一家钢铁厂的技术员，两个人同时进入钢铁厂，工作能力与工作年限基本一致。对于工作的执着性方面，小郑和小刘具有明显的差别。小郑在工作中非常希望能够获得肯定，有时甚至有些急于求成。在工作中，小郑经常标榜自己对于工作非常执着，要通过在工作中的不断坚持与努力让自己在工作中获得更大的进步。小郑所谓的对于工作的执着，基本只是停留在口头上，并没有将其运用到实际的工作中。虽然小郑在口头上总是说对待工作要执着，但在实际工作中碰到问题时，小郑并没有做到坚持，而是非常轻易地就放弃了。也正是因为这个原因，小郑在工作中并没有取得实质性的进步。

而小刘却与小郑的做法不同，虽然小刘在工作中并没有将坚持时时刻刻地挂在嘴边，甚至显得有些少言寡语，但小刘却将坚持真正付诸到了实际工作中。当工作中遇到问题或者困难时，小刘从来不轻言放弃，而是通过积极寻找解决方法将问题解决。小刘在工作中，真正做到了坚持与执着。也正是因为这样的坚持，小刘在工作中不断取得进步，让自己的职业生涯变得更加清晰。

从小郑和小刘的事例中我们可以看出，所谓在工作中的执着，只有付诸实际，才能真正发挥作用。如果仅仅是停留在口头上，则不会对工作产生任何实质性的帮助。

把执着放在工作计划书里

要想在工作中真正做到执着，仅仅依靠自身的意志力是不够的。即使意志力非常坚定，也很难保证在长时间的工作中做到执着。特别是在工作时间过长的情况下，如果遇到了一些困难的话，则很容易放弃，执着也就无从谈起。要想在工作中做到执着，就要把执着放在工作计划书里，然后在工作中严格按照工作计划书中所规定的内容工作，则自然就能够在工作中做到执着。

要把执着放在工作计划书中，首先要明确工作计划书应该包括哪些内容。在明确了工作计划书的具体内容后，则可以根据自己的实际工作需要制订合适的工作计划书，并将执着体现在工作计划书中。通常，工作计划书主要包括以下三个方面的内容，如图7-9所示。

在制订工作计划书时，要按照工作计划书所规定的三个方面的内容，结合自己的实际工作需求，制订合适的工作计划书。

而要将执着放进工作计划书里，就要在工作计划书中的每一个具体工

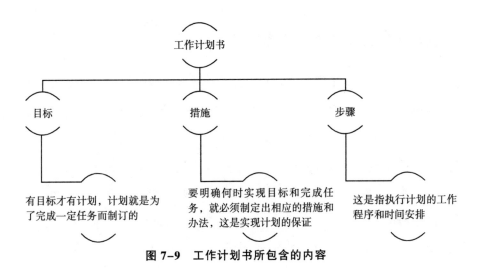

图 7-9 工作计划书所包含的内容

作计划中体现出执着。

小张是一名销售人员，在制订自己的工作计划书时，小张在自己的工作计划书中，每一个工作计划都体现了执着。下面是小张的工作计划书，如表 7-1 所示。

表 7-1 工作计划书

经常联系老客户和固定客户，通过一些方法稳定和客户的关系
一周一小结，每月一大结，总结工作中的失误，并及时改正
工作中遇到问题不能轻言放弃，要通过多种途径寻找解决方法
努力开发新客户，以此提升自己的工作业绩
加强业务学习，不断提高业务能力

从小张的工作计划书中我们可以看出，小张所做的工作计划中，几乎每项都体现着执着。例如，"经常联系老客户和固定客户，通过一些方法稳定和客户的关系"体现了在维护客户方面的执着，"一周一小结，每月一大结，总结工作中的失误，并及时改正"体现了在自省方面的执着，而"工作中遇到问题不能轻言放弃，要通过多种途径寻找解决方法"则体现了在工作中遇到困难迎难而上的执着。

认清本质：执着不是执拗

要在工作中发挥工匠精神中的执着精神，就要明白什么是真正的执着。只有这样，才能够真正在工作中做到执着。在工作中发挥执着的精神，需要明确的是，执着不是执拗。执着，指的是对一件事情坚定不移；而执拗，指的则是固执任性，坚持己见，听不进别人的意见。由此我们可以看出，执着有利于我们在工作中战胜困难，实现更加长远的发展；而如果在工作中非常执拗的话，不仅对我们的工作不能起到帮助作用，还会让我们在工作中被孤立，不能听取别人的意见，最终让自己的职业生涯道路越走越窄。

小李是一家工厂的技术工人，在工作中，小李自认为对工作非常执着，一旦认定的工作就会埋头苦干。当同事看到小李在工作中表现出了一些问题和不足之处，想要提醒小李改正时，小李却从来都听不进去。小李总是认为自己做的是对的，对工作执着就是要坚持自己的意见。对于同事提出的意见，小李从不采纳。也正是因为这样，让小李在工作中吃了不少亏。

执着不是执拗，要在工作中发挥执着的精神，要注意以下三个方面，如图7-10所示。

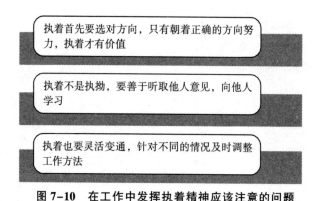

图7-10 在工作中发挥执着精神应该注意的问题

8

创新：创意给了匠人第二次生命

当今世界，随着科技的飞速发展，新事物、新现象层出不穷，人们处在了一个知识爆炸的时代。知识的急速更新换代给人们提出了更高的要求。放置于现代职场中，创新，成了在职业生涯中有所发展的必备条件。一流匠人都是具有非凡的创造力的，也正是因为创新，匠人们才能够在自己的行业中做出贡献，才能在自己的职业生涯中获得进步，得到他人的肯定。如果总是故步自封，照搬照抄，则永远无法前进。创新，对于一个人的职业发展起着至关重要的作用，创新，给了匠人第二次生命。

8.1

观念决定思路，思路决定出路

　　一个人的思想观念对于一个人的发展具有非常重要的作用。观念决定思路，思路决定出路。人和人之间之所以会天差地别，除了经济基础这样的客观条件，最主要的决定因素就是一个人的观念。观念左右人的思路，影响并决定人们的精神和素质。在客观条件相同的情况下，由于每个人所拥有的观念不同，其所能发挥的主观能动性就会产生很大的区别，其所做出的行为也就不同。思想观念对于一个人的发展至关重要。所以，要想在工作中做到创新，首先要有创新意识，只有时刻具备创新意识，才能在工作中自觉、主动地进行创新。

认识创新意识的重要性

　　创新意识，指的是人们根据社会和个体的生活发展需要，从而引起想要创造前所未有的事物或者观念的一种思想动机，并且在创造活动中表现出的意向、愿望以及设想。创新意识是人们进行创新的出发点和内在推动力，对于一个人的创新活动以及个人发展具有非常重要的推动作用。

　　创新意识的内容丰富，大致包括以下四个方面，如图 8-1 所示。

　　只有具备创新意识，才能摆脱因循守旧，才能敢想前人没想过的事，做前人没有做过的事，也只有这样，才真正有了创新的可能性，才能让自己在职业生涯中取得质的飞跃。创新意识具有以下主要的特征，如图 8-2 所示。

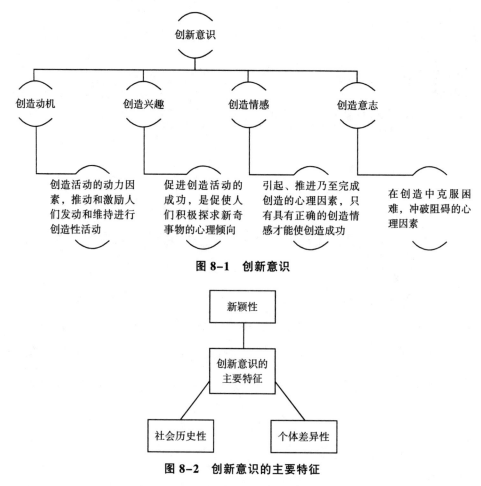

图 8-1　创新意识

图 8-2　创新意识的主要特征

创新意识对一个人的发展具有至关重要的作用。在工作中，只有具有创新意识，才能发现工作中所存在的问题，然后有针对性、有创造性地针对问题制定解决方法，通过这样的方式，实现在工作中的创新。树立创新意识，是学会创新的前提，是在工作中进行创新的第一步。

培养并树立创新意识

要想在工作中实现创新，首先就要培养自己的创新意识。只有将创新意识根植于自己的思维中，才能够在工作中主动进行创新。

培养创新意识，不是一朝一夕就可以实现的，而是需要将培养创新意识列入自己的工作计划，在工作以及日常生活中，都要有意识地培养自己的创新意识。通过这样的方式，才能让自己逐渐具备创新意识。想要在生活和工作中培养自己的创新意识，需要做好四个方面的工作。

第一，培养求知欲。学而创，创而学，是创新的根本途径。要培养自己的创新意识，首先就要培养自己的求知欲。很多人对于学习都有一个误区，认为学习只是学生的工作，而自己只要能够应付眼前的工作就不用再进行学习，实则不然。学习应该贯穿于我们的整个人生，特别是在这个知识极速更新换代的时代，如果不学习，那么只能被淘汰。培养自己的求知欲，不断汲取新知识，才能给自己提供创新时的知识量保证。

任何在工作中取得突出成绩的人，一定是一个具有强烈求知欲的人。通过不断的学习，才得以更新自己的知识储备，拓宽自己的眼界，让自己在工作中的创新成为可能。

第二，培养好奇心。好奇心是成功进行创新的必备素质。只有对于周围事物时刻保持一颗好奇心，才能引起自己探究的欲望，也才有可能发现其中可以创新的点。如果一个人对于生活或工作中所发生的任何事情都没有好奇心，都感到枯燥乏味，那么即使身边有很多可以进行创新的点都无法发现，创新就无从谈起。要培养自己的创新意识，还要培养自己的好奇心。

第三，培养创造欲。创造欲是进行创新的核心力量，也是培养创新意识时最主要的内容。只有培养自己的创造欲，不满足现成的思想、观点、方法及物体的质量、功用，能够经常思考怎样在原有的基础上创新发明，推陈出新。在自己的意识中，时刻能够保持一种"换个角度看问题"的想法，是实现创新的必备素质。培养自己的创新意识，就要学会培养自己的创造欲。

第四，培养质疑欲。"学起于思，思源于疑"。只有敢于质疑，才能够发现生活和工作中所存在的问题。有疑问才能促进思考与探索。要培养自己的质疑欲。

创新始于质疑和发现

创新是指以现有的思维模式提出有别于常规或常人思路的见解为导向，利用现有的知识和物质，在特定的环境中，本着理想化需要或为满足社会需求，而改进或创造新的事物、方法、元素、路径、环境，并能获得一定有益效果的行为。一名一流的匠人一定是具有很强的创新能力的，只有创新才能让自己脱颖而出，也只有创新，才能在自己的工作领域中获得真正的进步。如果只是一味地模仿别人，那么只能永远落后于人。

创新，其核心就是颠覆已有的思想，而创造出的新思想或者新发明，其核心是颠覆传统。而之所以能够创新，颠覆传统，就是因为通过质疑现有的知识以及发现新的事物而实现的，创新，始于质疑和发现。要想做到创新，就要在工作和生活中，善于发现问题，敢于质疑，并发现生活中的规律。

永远保持一颗好奇心

要想做到创新，在自己的工作领域中有所建树，首先就要在生活和工作中始终保持一颗好奇心。好奇心是我们探索与发现的原动力。如果我们对于生活和工作中的一切事物都没有好奇心，没有兴趣的话，就没有了质疑和探索的想法，创新也就无从谈起。要想在自己的工作中进行创新，就要学会在生活和工作中保持一颗好奇心。

小张是一名技术员工，在工作中，小张总是保持着一颗好奇心，对工作中看到的任何事物或者现象都非常感兴趣，具有深入了解的欲望。一次，小张在工作中，发现一种材料能够起到润滑的作用，对此感到非常好奇。于是，小张查阅了很多相关的资料，从这些资料中，小张发现这种材料完全可以用在生产设备上，用来增加生产设备的润滑度，从而提升生产设备的运转效率。最终，小张将这一发现上报给了上级领导，上级领导同意将这种材料用在公司的生产设备上。使用了这种材料的生产设备的生产效率与之前相比，有了明显的提高。小张也因此受到了公司表扬与奖励。

正是对生活与工作中的事物充满好奇心，小张才能够发现这种材料的特殊润滑性，最终将其运用在了工作中，做出了创新，并提升了工作效率。

通过小张的案例，我们可以发现，在生活与工作中，我们要始终保持一颗好奇心。而保持一颗好奇心，还要注意以下三个方面的问题，让好奇心真正对我们的工作创业起到帮助作用，如图 8-3 所示。

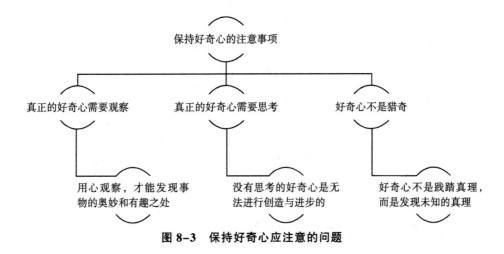

图 8-3　保持好奇心应注意的问题

敢于并学会质疑

质疑，就是针对一项现有的知识或者事物提出疑问，请他人或者自己解答的过程。敢于质疑，是成功进行创新的重要一环。通过质疑现有的知识，才能发现现存的问题，然后寻找合适的解决办法。而颠覆现有认知，寻找新的解决办法的过程，就是创新的过程。在工作中要敢于质疑，才有可能创新成功。

小刘是一名化妆品销售员，在工作中，小刘非常注意分析现有的知识，如果在工作中看到不合理的现象，就会提出自己的质疑，然后寻找相应的解决办法。在一次参加销售技能培训的过程中，培训的老师在进行培训的过程中，所教授的内容只是表示在向客户推销化妆品时，要尽量通过语言描述产品的特点以及性能，通过尽可能详细的描述让客户对产品形成一个整体的认知，从而促进购买。

而小刘在听课的过程中，对培训老师所讲的销售方法提出了质疑。小刘认为，如果仅仅靠语言描述，即使描述得再详细，客户都无法对产品的效果形成一个直观的认识。小刘自己思考是否有更好的办法让客户对产品更加了解。最终，小刘认为可以通过试用产品的方式让客户对产品形成一个直观的认识。当其他的同事还仅仅靠语言描述对客户进行推销的时候，小刘就采用了语言描述和产品试用两种方式相结合的销售方式。客户通过试用产品，对产品的效果有了更深刻的认识，购买欲自然有了很大程度的增强。最终，小刘的销售业绩明显高于其他员工的销售业绩。

正是因为小刘敢于质疑，才发现了培训时所学到的销售技巧的不完善，并从中创造性地寻找到了新的销售方法，提升了自己的工作业绩。

要通过质疑来进行创新，还需要注意以下三个问题，如图 8-4 所示。

发现新事物，从新事物中发现创新点

要想进行创新，学会从新事物中发现创新点是一个非常重要的方面。大部分的创新都来自于对新事物的发现，发现新事物，并从所发现的新事物中寻找到可以运用在工作中的创新点，则能够实现创新。

小张是一名厨师，在生活和工作中，小张非常注意观察身边的事物，通过发现新事物，让自己能够不断寻找创新点，让自己能够在工作中不断

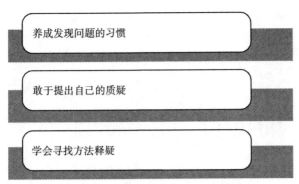

图 8-4 提出质疑应该注意的问题

地创新。例如，有一次，小张在逛超市时，发现了一种之前没有见过的水果。在详细了解了这种水果的特点与口感之后，小张根据这种水果的特点，研发了一道新的甜点，由于口感新奇，受到了很多食客的喜爱。

正是因为能够发现生活中自己不知道的新事物，小张才从新事物中发现了创新点，从而创新出了一道新菜，在工作中取得了进步。

8.3

遇到"死胡同"时，换条路走

所谓创新，就是要跳出原有的思维，打破自己的思维定势，才能够创造出新的东西。但是，仅仅有一条创新思路是远远不够的，还需要能够在遇到困难时灵活变通，遇到"死胡同"时，能够及时并且巧妙地换条路走。只有这样，才能够克服创新道路上可能出现的一切问题和困难，最终实现创新。如果在遇到"死胡同"时，仍然不懂得变通，还是按照之前的老路走，只能是停留在"死胡同"中，创新失败。

学会发散思维，打破束缚

发散思维，又被称为辐射思维、扩散思维等，指的是大脑在思维时所呈现的一种扩散状态的思维模式。发散思维表现为思维视野广阔，思维呈现出多维发散状。学会发散思维，是在遇到"死胡同"时，转换思维方式的一个有效方法。掌握了发散思维，就可以在思考某一问题或者事物的过程中，不拘泥于一点或一条线索，不受已经确定的方式、方法、规则和范围等的约束，从而能从仅有的信息中尽可能向多方向扩展，打破思维定势，为自己的创新提供更多种思路和可能。

张丽是一名设计师，在设计一把座椅时，张丽遇到了困难。一把优质的座椅一定要具有非常好的稳定性和舒适性，还要有一定的设计感。但是，张丽在设计这把座椅时发现，如果按照自己的设计方案进行的话，要想很好地体现出座椅的设计感，就要使用一种特殊的材料，而这种特殊的材料一旦使用，就会将座椅的稳定性大打折扣，这无疑是不可以的。要体现出设计感就失去了稳定性，而如果要稳定性的话，那么设计感就荡然无存，不论失去哪个要素，这把座椅都不能称得上是一把具有创新性的成功的座椅。这个问题无疑让张丽走进了"死胡同"。

而就在问题无法解决的时候，由于受到身边人的启发，张丽明白了如果只是一味地按照自己的固定思维思考的话，那么这个问题永远都无法解决。张丽利用发散性思维，寻找新的思路与解决办法。最终，张丽决定改变自己之前的思路，重新修改自己的设计方案，让设计感和稳定性都能够在座椅上得到体现。

想要学会发散思维，打破思维定势的束缚，可以从以下三个方面入手，如图 8-5 所示。

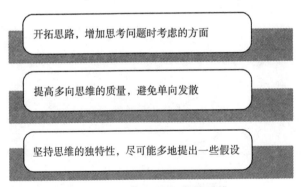

开拓思路，增加思考问题时考虑的方面

提高多向思维的质量，避免单向发散

坚持思维的独特性，尽可能多地提出一些假设

图 8-5 如何进行发散思维

学会侧向思维，跳出原有的圈子

侧向思维与正向思维有着明显的区别。正向思维指的是思考问题时，从正面思考问题。而侧向思维则要求在思考问题时，巧妙地避开问题的锋芒，从问题的侧面、次要的地方思考、做文章。运用侧向思维往往会有意想不到的效果，能够更好地解决问题。

对于轴承的改进和创新是很多技术人员想要突破的难题。很多技术人员对于轴承的创新，总是跳不出已有的思路，对轴承的创新基本都是在改变滚珠形状、轴承结构以及润滑剂等范围内。

有的人却能够在遇到这样的"死胡同"时，利用侧向思维，找到新的创新点，实现轴承的改进与创新。一些人利用侧向思维，将视野转向其他方向：由高压空气可以使气垫船漂浮，相同磁性材料会相互排斥并保持一定的距离产生了联想，从而发明了不用滚珠和润滑剂，只需向轴套中吹入高压空气，使旋转轴呈悬浮状的空气轴承，或用磁性材料制成的磁性轴承。

从以上的案例中，我们可以看到，侧向思维对于开拓新思路的重要性。正是因为利用了侧向思维，才使得人们从轴承改进与创新的"死胡同"中走出来，发现了新的创新之路。在创新的过程中，如果遇到无法解决的问题，一定不能仍然延续固有的思路，可以利用侧向思维寻找新的创新点。

侧向思维的主要思考方式有三种，不同的侧向思维的思考方式的侧重点各有不同。在运用侧向思维时，可以根据实际情况，选择不同种类的思考方式，为自己寻找新的创新思路，如图8-6所示。

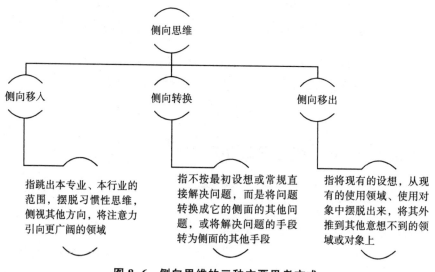

图8-6 侧向思维的三种主要思考方式

学会逆向思维，反其道而行之

逆向思维，指的是对司空见惯的似乎已成定论的事物或观点反过来思考的一种思维方式。当创新遇到问题时，可以运用逆向思维，让思维向对立面的方向发展，从问题的相反面进行深入的探索，树立新思想，创立新形象。在思考问题时，如果总是朝着一个固定的思维方向思考问题，并寻求解决办法，就会非常容易让自己走进"死胡同"。在这样的情况下，如果能够从结论往回推，倒过来思考问题，就会给自己一种全新的思路，使很多问题变得简单。

通常，逆向思维具有以下特点，如图8-7所示。

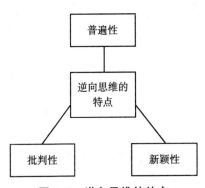

图 8-7　逆向思维的特点

晶体管的发明就是利用了逆向思维。在晶体管还没有诞生的时候，世界各国都在研究制造晶体管的原料锗。要想创造出晶体管，一个重要的问题就是要提炼出纯度非常高的锗。日本的专家江崎与助手在长期的探索中，不管怎样小心操作，总免不了混入一些杂质。在这样的情况下，他们采用了逆向思维，运用了相反的操作方法，有意地一点点添加进少许的杂质，结果却意外地将锗的纯度降低到原来的一半时，就产生了一种非常优质的半导体。

8.4

机械重复是杀死匠人的致命毒药

在职场生活中，不得不承认的一点是，大部分人的工作都是日复一日的，每天的工作基本上是重复的。重复并不一定是坏事。在工作中，那些我们不断重复的工作往往是我们做得最好的，是我们的核心竞争力。真正能够杀死匠人的致命毒药是机械重复。所谓机械重复，就是完全机械地复制之前的工作，在重复工作的过程中，并没有做任何的改进。这样的机械重复是无意义的，不仅不能帮助自己在工作中取得进步，还会浪费大量的时间和精力，直至扼杀自己的职业生涯。在工作中，即使工作会重复，也要学会避免机械重复，学会从重复工作中实现创新。

每次重复都是改进并创新的机会点

在工作中，我们每一次重复之前的工作，都是一个改进之前工作中的不足，然后进行创新的机会点。通过重复之前的工作，在实践中我们可以找出自己在工作中存在的不足之处，以及工作中仍然存在的需要改进的问题。在这样的情况下，我们就可以做出一定的创新。研究表明，如果能够在工作中避免机械重复，而是进行有意识地改进和创新，基本上重复 5 次以上之后，就可以在同一项工作中将自己的工作水平提升一个小台阶，重复 20 次以上，则能够提升一个大台阶。如果仅仅是机械重复，工作则不会实现改进和提高，白白浪费了宝贵的工作时间。

刘师傅是一家钢铁厂的技术工人，在工作中，刘师傅对自己的要求非常严格，总是能够在工作中进行创新。虽然刘师傅的工作相对比较枯燥，每天的工作几乎都大致相同，但刘师傅却能够在不断的重复工作中，一次次找出工作中存在的问题，并积极寻找解决问题的办法，通过这样的方式做到了在工作中不断创新。例如，有一次，刘师傅照例操作机器设备进行生产，虽然是不断地重复操作生产设备，刘师傅却发现了生产设备所存在的问题。刘师傅发现，同一台生产设备所生产出的产品随着时间的推移，质量有了明显的下降。通过不断地检查，刘师傅最终发现是由于生产设备中一个零件损耗率太高，致使在很短的时间之内，这个零件就会出现很大的损耗，使得所生产的产品质量明显下降。在找到问题的原因之后，刘师傅积极寻找解决对策，最终，刘师傅发现了一种新的零件，完全可以代替之前的零件，并且损耗率大大降低，产品的质量有了保障。

通过刘师傅的例子，我们可以发现，通过不断重复的工作，我们仍然可以从中实现工作中的创新。而要想在每次重复工作的过程中发现改变并创新的机会点，需要注意以下三个问题，如图 8-8 所示。

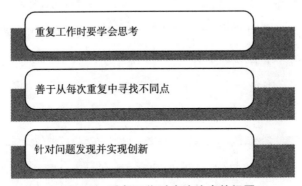

图 8-8　重复工作时应该注意的问题

在重复中创新工作模式

在日复一日的重复工作中，除了在每次重复的过程中通过发现问题实现创新，还可以在不断的重复操作的过程中，阶段性地对工作进行分析和总结，通过整体分析工作情况以及所有重复的事项，然后把其中的最佳做法转变为工作中的标准操作模式，通过这样的方式改变工作模式，实现工作中的创新。

周林是一名技术员，每天的工作基本上都相同。但是，周林并没有在重复的工作中放弃进步，而是不断在重复进行的工作中寻找创新点，争取让自己的工作能够更上一层楼。周林每天都会进行工作记录，详细记录每天的工作情况。然后，每隔两个月，周林就会将所记录的工作情况进行汇总和总结，从中发现问题并在实际的工作中改善。一次，周林在对近两个月的工作情况进行总结的过程中，发现大部分时间的工作流程都是一到工作岗位上，马上就开始生产工作。其中有十天却是到工作岗位之后先对当天所需要做的工作进行梳理，然后再开始一天的工作。通过工作记录，周林发现，这十天的工作效率是近两个月之中最高的。

通过总结，周林对工作模式进行了改善和创新。由于开展工作前梳理需要做的工作，能够让自己对需要做的工作更加清晰，对提升工作效率有明显的帮助。周林决定，在之后的工作中，每天都要先将当天所需要做的工作进行梳理，然后再开始一天的工作。通过这样的方式，周林在工作中做出了创新，提升了自己的工作效率。

要实现在重复中创新工作模式，可以遵循以下方式，如图8-9所示。

图8-9　如何实现在重复中创新工作模式

通过不断重复寻找价值

杜绝机械重复的另一个重要方法就是通过不断重复寻找价值。很多不断重复的工作，本身就是在创造价值，在这样的情况下，就要学会通过不断重复寻找价值。很多人认为，在重复中很难创造价值，也就很难做到创新，实则不然。如果能够从不断的重复中发现价值，那么重复的工作就是有价值的。

在苹果公司中，有一个工作团队，所进行的就是不断重复的工作。这个工作团队负责审查苹果应用商店的新应用，而工作人员不断重复的工作就是审查一个又一个的应用。这个不断重复的工作看似很枯燥，但却为苹果公司创造了巨大的价值。由于工作人员的不断努力，在不断重复的工作中，发现了很多有价值的应用软件，积累起来，就是苹果和它的用户共同拥有了几十万个丰富有趣的应用软件。

要杜绝机械重复的工作，还要学会通过不断地重复寻找价值。

8.5
创新就是解决实际问题

创新，其本质就是在特定的环境中，本着理想化的需要或者为了满足社会化的需求，从而改进或者创造新的事物、方法、元素、路径、环境，并且能够产生一定的有益效果的行为。创新，实际上就是解决实际问题的过程。通过不断寻找新的方法，以解决现实存在的问题，就是创新的过程。在我们的工作中，创新同时是一个解决实际问题的过程。当工作中出现这样或那样的问题时，能够创造性地找出相应的解决方法，并将问题解决，就能够在工作中取得进步，这也是创新能够促进我们工作进步的实质。在工作中，一定要注意将创新与解决实际问题相结合，以实现在工作中的不断进步。

创新要建立在解决实际问题上

创新，能够帮助人们在工作中获得实质性的进展，创新，是促进人类进步的重要方式。但是，需要明确的一点是，创新不是胡思乱想，创新的最重要价值是能够解决现实生活中的问题，帮助改变人们的生活方式。在做创新时，一定要建立在解决实际问题上。只有能够解决实际问题，才能够真正对人们的生活和工作起到帮助作用，从而体现出创新的价值。

张琳是一名销售人员，在工作中，张琳总是希望能够不断取得进步，对于自己的要求也非常高。张琳在工作中，非常注重创新。在工作中，张琳会有意识地寻找工作中存在的问题，并在实际问题的基础上在工作方法上做出创新。一次，一个本来可以要签约的客户在临近签约的时候突然反悔，坚决不同意签约。在其他同事都按照常规的思考方式，猜测客户是由于工作人员的服务不到位，或者是因为竞争对手提出了比自己公司更加优惠的条件等而去安抚客户时，客户仍然不为所动。当把所有可能都排除之后，公司同事都一筹莫展。而张琳却在这一实际问题上做出了创新，张琳除了做好签约工作之内的客户安抚工作外，还利用休息的时间关心客户的家人，例如，去看望在医院住院的客户的母亲。通过这样的方式，让客户感觉到了公司的诚意，最终促成了签约。

用具有创意的想法寻找问题的解决方法

当发现工作中所存在的问题后，就要寻找解决问题的办法。要想通过创新解决问题，就要用具有创意的想法寻找问题的解决方法，这是通过创新解决实际问题的第二步，也是最重要的一步。在这一过程中，如果仍然按照传统的思考方式寻找解决办法，那么无法真正在解决问题的过程中体现出创新。学会如何产生具有创意的想法，是创新性解决问题的主要过程。只有具有创新性的想法产生之后，才能真正将想法落实到实际工作中，创新才能真正在工作中体现出来。

小赵在一家公司的财务部门任职。工作中，小赵非常注意发现工作中的问题，并用具有创新性的方法解决工作中反映出来的问题。在这一过程中，小赵非常注重具有创造性的想法的产生。小赵总是在发现问题之后，通过学习相关的解决问题所需要的知识，然后联系实际问题的需要，创造性地总结出一些新的解决方法，使得问题能够有效地解决。

一次，小赵发现公司中的一些财务审批程序过于烦琐。例如，如果采购部的人员需要买一盒铅笔都需要向上级领导汇报之后，再到财务部门领取资金，每次即使购买一个很小物品都需要走一次流程，非常烦琐，浪费了大量的工作时间和精力。为此，小赵创造性地制定了一个解决方法。小赵认为，如果每次购买物品都要走一遍审批程序的话，不仅会浪费大量的工作时间，还会耽误工作。对于购买铅笔、桌椅这些小件物品的情况，可以先购买，然后再将所买的东西汇总报告。这样不仅能够节省工作时间，还能提升工作效率。

小赵将自己的想法向上级领导汇报之后，得到了上级领导的表扬，小赵的想法也得以在实际工作中实行。小赵就是针对工作中所反映出来的问题，能够想出具有创造性的解决方法，从而在工作中做到了创新。

在发现问题之后，要想能够产生具有创造性的想法，可以按照以下方式思考，如图 8-10 所示。

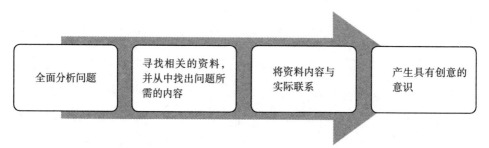

图 8-10　怎样产生具有创造性的想法

将具有创意的解决办法应用于实际

创新的最终目的是解决实际问题，在工作中，如果发现了问题，并找到了解决问题的方法，最后一步就是要将所设想的解决问题的办法真正应用于实际，使其对实际工作产生帮助，只有这样，创新才能够真正应用于实际工作当中，才真正实现了创新。

小张是一家互联网公司的职员，在工作中，小张积极创新，帮助解决工作中出现的问题。一次，在解决工作中出现的问题时，由于之前设想的解决办法应用在实际工作中出现了一些问题，因为缺少一些资料而无法施行。小张为了让之前设想的解决办法能够更好地解决实际问题，于是向公司内的其他部门寻求帮助。通过其他部门同事的帮助，之前所设想的解决办法得以真正应用于实际，解决了工作中存在的问题。

要想将具有创意的解决办法应用于实际，可以遵循以下三种方法，如图 8-11 所示。

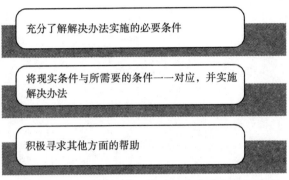

充分了解解决办法实施的必要条件

将现实条件与所需要的条件一一对应，并实施解决办法

积极寻求其他方面的帮助

图 8-11　如何将具有创意的解决办法应用于实际

9

执行：学会让创意变现

　　一个一流的匠人，一定具有天马行空的想象力，能够将创意变现。如果只有创意和想象力，而不能把这些创意变现，那么就无法将这些创意真正摆在用户的面前，自然，用户就无法知道你的才能，成为一流匠人也就只能是痴心妄想。只有执行力，才能将创意变现，让你的想法真正成为现实。执行力也是成为一个一流匠人必须具备的素质。

9.1

"心手合一"，让想法成为现实

　　所谓"心手合一"，就是要将自己的创意通过自己的双手变为现实，让创意变为实实在在的产品。只有这样，才能真正"让梦想成真"。我们要想在工作中做到"心手合一"，最为直接的表现就是执行力。一个拥有强大执行力的员工一定是成功的。如果没有执行力，那么即使你有很多好的想法，那么想法也只能是想法，不可能变现，而不能变现的创意，不论对于自己还是对于企业，都是无意义的。执行力让创意变现，是从普通员工走向一流匠人的重要一步。

认识执行力，才能拥有执行力

　　执行力是指有效利用资源、保质保量达成目标的能力。执行力可以分为个人执行力和团队执行力。

　　团队执行力大致指的是工作团队把团队的战略决策持续转化为现实结果的满意度、速度以及精确度的过程，团队执行力是一项系统工程，其外在表现为整个工作团队所拥有的战斗力、凝聚力以及竞争力。

　　而个人执行力指的是每个人把上级的命令和想法变成行动，把行动变成结果，从而保质保量完成任务的能力。个人的执行力是一个人获得实际结果的行动能力。不同职位的人员其工作中的执行力所体现的方面不同，例如，企业老板的执行力体现在对于企业的战略决策能力；企业的中层管理者的工作执行力表现为对于上级所制定的工作指标的实现能力；而设计师的工作执行能力则表现为将自己的创意变为产品的能力。执行力对于每个职场人员都非常重要。拥有执行力，就朝着一流匠人的目标更近了一步。

执行力是一个变量。很多人认为，执行力很简单，就是将自己的想法变成现实而已。这一过程说起来容易，但要想真正做到却并没有那么容易。执行力是一个变量，在不同的人身上所能体现出来的效果完全不同。执行力会因人而变，因时而变，不同的执行者在执行同一件事情的时候也会得到不同的结果。

创意不执行，结果等于零

所谓执行力，简单来说，就是将创意变现的过程，这对于任何一个员工来说都是至关重要的。如果将你的创意体现出来，让其他人看到，以得到他人认可，为企业创造利润，是每一个有追求的职场人员都应该思考的问题。

如果仅仅有创意而不执行，不能将创意变为现实，那么结果仍然是零。

小赵在一个广告工作做文案，工作中同样存在执行力方面的问题。小赵作为一个名牌大学毕业的广告人，认为自己在文案方面有着非常独到的见解，经常可以想到很好的创意。在工作中总是认为自己比其他的同事强。而在一次公司提拔有才干的员工的过程中，小赵却并没在名单之列。为此，小赵感到很委屈，于是便向其上级领导询问缘由。

上级领导针对小赵自身的问题给出了非常明确的解释："你一直认为自己非常有才华，创意十足。可是你的创意却并没有体现在你的文案中。我们从你的工作成果中看不到你的创意，或者有的时候即使可以看出一点你的大体构思，但是体现在实际文案中却并不细致。如果你不能将你的创意变为现实，对于公司是没有任何帮助的。你的创意如果不能体现在实际的工作中，我们是不知道你的才华的。换句话说，你的执行力太差，而执行力差直接导致的结果就是你不能用你的头脑为公司创造利润，所以这次的晋升名单中没有你。"

从小赵的案例中，我们可以深刻理解"创意不执行，结果等于零"这句话的含义。而小赵的案例并不是个例，这样的情况存在于很多人的工作中，执行力这一能力，也在困扰着无数人。不能提升执行力，在职场上再上一层楼就成了痴心妄想。

强化结果思维，才能提升执行力

执行的关键就是执行到位，不到位的执行等于没执行。执行要强化结果思维。结果思维，也被称为结果导向型思维。结果思维是一种思维方式，善于发现和分析问题，且有很强的质量控制意识、强烈的责任心和敬业精神，能严格地遵照测试流程规范定位。结果思维为执行到位提供了可靠的保证，只有以结果来优化过程，同时又以过程来保证结果，才能做到真正执行到位。结果导向型思维可以体现在我们生活中的方方面面，例如睡觉是任务，而休息好才是结果；又如考试是任务，但是掌握知识点才是结果；上班工作是任务，而创造利润才是结果等。

要将创意变现，提升自己的执行力，树立结果导向型思维是非常重要的方法。在这一过程中，值得注意的是，完成工作任务并不等于达到了上级所要求的工作结果，好的工作态度也不等于完成工作结果，坚守工作责任同样不能等同于取得好的工作结果。只有将创意变现，达到工作预期，为企业创造实实在在的利润，才是真正达到了工作结果。

9.2
用"四象限法"分清轻重缓急

"四象限法"又被称为"时间四象限法",是由美国的管理学家科维提出的时间管理理论。时间四象限法将按照"重要程度"和"紧急程度"两个要素,对不同的事件性质进行了划分,共分为四个象限,如图9-1所示。

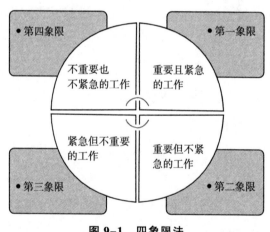

图9-1　四象限法

员工在执行工作的过程中,很多情况下手头同时有多件工作需要处理,在这样的情况下,如果不能将每项工作都按部就班地完成,就有可能在工作中造成混乱,不仅让自己陷入繁杂的工作当中,还会影响整体的工作进度。一个一流的匠人一定是能够合理分配自己的时间,将各项工作完美完成的。如果员工手上有多个创意性的想法、工作,那么要先做哪一个呢?要想分配好自己的工作时间,将各项工作有效地执行,可以利用四象限法,将各项工作按照不同的性质进行分类,然后有顺序地完成各项工作。

第一象限：重要且紧急的工作。

如果一项工作非常重要，并且在时间方面又非常紧急，那么就可以归为第一象限，在安排工作时，要首先完成这样的工作。如应付难缠的客户、准时完成工作、住院开刀等，这些都是既重要又紧急的工作，如果不能在短时间内将这样的工作完成，则很有可能造成巨大的损失。作为一名员工，如果手中有这样的工作时，要首先将这样的工作完成，其他的工作就可以根据实际情况适当地往后排。

小刘是一名设计师，在平时的工作中，由于需要设计很多东西，并且设计好的东西还需要进行多次的调整，导致小刘通常有很多堆积的工作。在这样的情况下，小刘经常被繁多的工作乱了阵脚，不知道自己到底应该先处理哪项工作。有一次，小刘正在手忙脚乱地设计新的界面，但是上级领导突然问小刘之前返回的设计稿修改好没有，并且马上就要用。本来就慌乱的小刘一下子被冲昏了头脑，不知道应该怎么办。最终不仅自己需要加班加点把工作赶出来，还受到了上级领导的批评。

经过这次教训，小刘认为自己在工作执行方面存在严重的问题，不懂得如何分配自己的时间，因此决定用四象限法安排自己的工作。小刘按照每项工作的重要性和轻重缓急进行了分类。在分类中，小刘认为其中一项关系到第二天公司的设计方案的会议的工作非常重要，并且时间非常紧急，所以选择先完成这项工作。最终，小刘按时完成了这项工作，保证了第二天的会议能够顺利进行。小刘不仅将自己的工作安排得更加有条理，并且受到了上级领导的表扬。

第二象限：重要但不紧急的工作。

这一象限的工作通常比较重要，关系到企业的发展，但是时间并不像第一象限那样紧急。总体来说，这一象限的工作非常重要，不会由于时间紧张而逼迫我们马上去做。将各项工作按照轻重缓急进行分类后，有的工作比较重要，但在时间方面并没有特别紧迫，那么这样的工作就可以归为第二象限。在执行各项工作时，在完成第一象限既重要、时间又很紧迫的工作后，就应该着手做第二象限的工作。

张青在一家公司做人力资源管理。在平时的工作中，张青经常有多项工作需要同时做，为了能够将各项工作更好地完成与执行落地，张青采用了四象限法将各项工作进行了分类。其中，由于员工的培训工作虽然在时间方面没有特别紧急的限制，但是员工的培训工作关系到公司员工整体素质的提升，对于公司来说具有非常重要的意义，张青将公司员工的培训工作归为了第二象限。

在完成那些既非常重要又非常紧急的工作后，张青就开始着手准备员工的培训工作，对包括参与培训的员工名单、培训工作的具体内容、培训目标以及培训周期等在内的事宜进行了具体的安排，保证了员工的培训工作能够顺利地完成，并且其他的工作也能有序进行。

第三象限：紧急但不重要的工作。

一个公司在日常的经营过程中，除了那些关系到企业发展的重要事务，还有很多工作相对来说没有那么重要。如员工电脑的换新、不速之客以及一些电话、会议、邮件等。这些相对来说不太重要的工作，又根据事情的紧急情况分为紧急工作和不紧急工作。在对自己的工作进行分类时，对于那些虽然不会对公司产生巨大的影响但时间又非常紧迫的工作，就可以放在第三象限。在处理工作时，可以在处理完第一、第二象限的工作之后，处理第三象限的工作。

小李负责一家公司的人力资源管理工作，在处理工作时，小李同样遵循四象限法处理工作。一次，公司内部的两个员工由于个人原因，在工作的时间吵了起来，严重影响了工作秩序，影响了其他员工的工作。小李认为两个员工争吵，虽然不是非常重要的工作，但是事情却非常紧急，所以，小李在处理完第一、第二象限的工作后，马上处理了员工争吵这件事情。

第四象限：不重要也不紧急的工作。

　　将各项工作进行分类可以发现，并不是每件工作都非常重要，或者非常紧急，一些既不会对公司产生重要的影响，并且在时间方面又不是非常紧急的工作也不在少数。对于这样的工作，可以放在最后处理。

　　小赵在一家公司的后勤部任职。平时，小赵的手中通常会堆积很多的工作。在处理这些工作时，小赵就按照四象限法将工作进行了分类。优先处理第一、第二、第三象限的工作，对于那些购买办公文具、修理桌椅电脑的工作，小赵则将这些工作尽可能地推后，等到将其他工作做完之后再着手做第四象限的工作。

9.3
给每项工作设定一个最后期限

　　张先生在一家公司任市场策划经理，在一次独立负责策划和实施公司的一项促销活动的过程中，张先生在活动全程有了如下表现：公司活动的筹划时间预计为 6 天，在前 5 天，张先生总是心不在焉，不急不忙，基本没有完成任何筹备工作。但是到了第 6 天，临近最后期限，张先生才像疯了一样开始四处联络场地、备货、找促销员，往往到了最后一秒钟，他才搞定所有的事情，让所有人悬着的心放下。

　　张先生的情况几乎在每一个员工的身上发生过。如果没有给每项工作设定一个最后期限，我们往往会拖到最后一分钟才匆匆忙忙地把工作完成。有很多人会说："我就是要将工作都压在最后，只有这样我才会有压力，才能把工作完成。"殊不知，每次都在最后关头拼命赶出来的工作，其质量往往会非常低。

　　创意的工作不能无止限，好的创意拖得过久也就失去了效果。可以试想一下，如果我们做每一项工作都是一拖再拖，如果没有侥幸按时完成工作，那么会有什么样的后果？结果只会让上司怀疑自己的工作能力和工作态度，在收入上遭受损失，甚至面临失业的风险。相反，如果我们能够自觉给每项工作都设定一个最后期限，在做每项工作时，都要逼着自己在最后期限内完成，那么整体的工作看起来就是在按部就班地完成，就可以在工作期限内，不急不忙地把工作完成，这也就是给每项工作设定最后期限的重要作用。

最后通牒效应

最后通牒效应是一个心理学概念，指的是对于不需要马上完成的工作任务，人们总是习惯在最后期限即将到来的时候，才努力去完成。在从事某一项活动的过程中，总觉得准备不足，能拖就拖，但是当不能再拖的情况出现后，人们基本也能完成任务。这也表现了人们大多都具有一种拖拉的倾向。

在美国著名的NBA球队中，老板与球员之间曾经由于新合约的问题产生了巨大的矛盾，双方就"工资帽"的谈判陷入了僵局。这场巨大的纠纷致使NBA一度停办，联赛最后缩水成50场，不计算赞助商等方面的间接损失，仅直接损失就造成球员（6亿美元）、联盟（15亿美元）、转播（2亿美元）全部蒙受巨额损失的惨烈局面。NBA的老板与球员之间经过将近6个月的谈判，始终没有一个结果。面对已经造成了巨大损失的局面，唯一的办法就是尽快达成协议，解决问题。最后资方下了最后通牒，规定必须在限定的期限内解决这一冲突，双方才最终在规定的期限内达成了协议。如果没有这最后通牒，这一冲突持续的时间可能会无限拉长，双方也不会在短时间内达成协议。

根据最后通牒效应我们可以发现，最后通牒对于促成一项工作完成的重要作用。学会给自己下最后通牒，是保证工作按时完成、有效执行的重要保障。

学会设定你能满足的最后期限

给自己的每项工作设定一个最后期限，并不是拍拍脑门儿，随便想出来一个时间。最后期限设置得过短，不仅不能按时完成工作，还会给自己徒增很多压力；而最后期限如果设置得过长，那么也就失去了设置最后期限的作用，形同虚设。在设置最后期限的过程中，一定要考虑以下六个方面的因素，将最后期限设置得刚刚好，如图 9-2 所示。

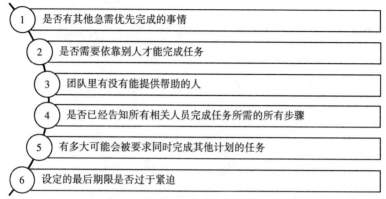

1　是否有其他急需优先完成的事情

2　是否需要依靠别人才能完成任务

3　团队里有没有能提供帮助的人

4　是否已经告知所有相关人员完成任务所需的所有步骤

5　有多大可能会被要求同时完成其他计划的任务

6　设定的最后期限是否过于紧迫

图 9-2　设定最后期限需要考虑的因素

通常，给每项工作设置最后期限，可以按照以下四个步骤进行，如图 9-3 所示。

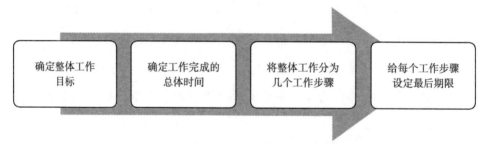

确定整体工作目标　　确定工作完成的总体时间　　将整体工作分为几个工作步骤　　给每个工作步骤设定最后期限

图 9-3　给每项工作设置最后期限的具体步骤

保证你的手头上总有一个最后期限

要想让最后期限真正发挥作用，除了学会设置最后期限，在工作中还要保证你的手头上总有一个最后期限。很多人也为自己的工作设置了最后期限，但是由于所设置的最后期限距离时间还比较长，在实际的工作中仍然会有拖延的表现。保证手头上总有一个最后期限，是最大限度地发挥最后期限作用的一个重要方式。

著名的行为经济学家丹·艾瑞里和克劳斯·韦坦布洛克曾经针对麻省理

工学院的学生做过一项关于最后期限问题的研究。在这一研究中，将参与研究活动的学生分为三组，每一组学生都要在 12 周内完成 3 项任务。其中，规定第一组的学生每项任务的最后期限分别为第四周、第八周和第十二周；第二组的学生没有被指定最后期限，在课时结束前完成即可；第三组的学生被要求自主设定最后期限。

实验结果表明，最后期限设定时间分布均匀的学生——包括第一组学生，以及第三组中自行分开设定最后期限的学生——往往得分最高。没有自行分开设定最后期限或未被指定任何最后期限的学生，则表现得很糟糕。

通过这项研究我们可以发现，将一项大的任务分为若干项小的任务，并给每一项小任务设定最后期限，从而保证自己的手头上总有一个最后期限，对于按时、高效地完成工作任务是非常重要的。除了要学会设置最后期限外，还要保证自己的手头上总有一个最后期限。

适当调整最后期限

虽然最后期限对于我们会有一定的约束作用，实际上，并不是每次都能严格按照所设定的最后期限完成每一项工作，中间可能出现各种各样的突发状况或者外在原因，例如，实际工作要比你最初预想的难度大很多，那么工作起来所需要的时间自然会拉长；又或者之前所确定的工作伙伴临时有事，只剩下你自己一个人孤军奋战，要想在最初设定的最后期限内完成工作，几乎是不太可能的。在这样的情况下，就可以适当地调整一下自己的最后期限。如果最后期限已经过了，工作还没有完成，那么就再给自己设定一个最后期限。

在调整的过程中，值得注意的是，调整最后期限并不意味着放松对自己的要求，新的最后期限一旦设定，就不能再轻易更改。

分解计划，让目标更近一点

面对一个工作目标，我们常常感觉到非常遥远，非常容易在工作的过程中产生疲劳感，以至于逐渐拖慢了工作进度；更有甚者，因为感觉到工作目标难度太大，在一开始就失去了信心。无论是以上两种情况中的哪一种，都会影响工作的具体执行。

一个大的工作目标看起来很遥远，可是如果将一个大的工作目标分解为若干个小目标，完成每一个小目标就会显得容易了很多。而如果能够高效率地完成每一个小目标，最终大目标自然就可以实现。分解工作目标与计划对于更好地执行工作具有非常重要的作用。

通常，我们面对一项耗时较长或者过程比较烦琐的工作时，就会感觉这项工作完成非常困难，从而在自己的心里产生抗拒而无法很好地完成工作。针对这样的情况，我们就要学会目标分解。将总体工作目标分解为一个个小的工作目标。通过完成每个小目标，就可以在最终达成总体目标。通过这样的方式，还可以避免在完成工作的过程中产生疲累感。

在东京曾经的国际马拉松邀请赛中，一个名叫山田本一的名不见经传的日本选手出人意料地夺得了世界冠军。获得冠军的山田本一在记者采访其为什么能够取得如此惊人的成绩时，他只说了这样一句话："凭借智慧战胜对手。"由于人们认为马拉松是一项考验体力和耐力的运动，与智慧并没有太大的关系，以至于山田本一的言论一出，很多人都认为山田本一是在故弄玄虚。

　　两年后，在意大利马拉松邀请赛中，山田本一代表日本参赛，同样获得了冠军。在接受媒体采访时，记者请他谈谈获胜的经验，山田本一仍然说自己是"用智慧战胜对手"。这次，虽然人们并不再像之前那样认为山田本一是在故弄玄虚，但是仍然对山田本一所谓的智慧感到不解和疑惑。

　　而在几年之后，山田本一在自己的自传中解开了人们的这一疑惑。他在自传中写道："每次比赛前，我都要乘车把比赛线路仔细看一遍，并把沿途比较醒目的标志画下来。比如第一个标志是银行，第二个标志是一棵大树，第三个标志是一所红房子……这样一直画到赛程的终点。比赛开始后，我就以百米速度奋力向第一个目标冲去，等越过第一个目标后，我又以同样的速度向第二个目标冲去。40多公里的赛程，就被我分解成这么几个小目标轻松地跑完了。起初我并不懂这样的道理，我把我的目标定在40公里外终点线的那面旗帜上。结果跑到十几公里时，我就疲惫不堪，我被前面那段遥远的路程给吓倒了。"

　　从山田本一的案例中，我们可以看出分解目标对于完成一个大目标的重要性。如果山田本一不将整个马拉松赛程进行分解，而是从一开始就朝着最终的目的地跑，那么由于赛程过长，山田本一在中途就会感觉到目标地非常遥远，从而逐渐丧失信心；而将整个赛程分解为几个小目标，相比最终的目的地，达到小的目标则容易很多。完成小目标的过程中，不会产生疲累感，同时，在完成一个个小目标时，距离最终目的地也就越来越近了。

分解目标有技巧

　　"论把大象装进冰箱一共分几步？大致可以分为三个步骤：第一步，打开冰箱门；第二步，把大象塞进去；第三步，关上冰箱门。"这就是分解目标的过程。分解目标的过程看似非常简单，但并不是一蹴而就的，如果没有一定的方法，目标分解不到位，不仅不能对完成工作起到帮助作用，还会对整体的工作产生影响。实际上，分解目标是一个不断习惯的过程，目标可以分解为几个任务，而每个任务则又可以转化为目标，并继续向下分解，直至分解成可以执行的工作任务为止。在这一过程中，要掌握一定的分解目标的技巧与方法。

（1）目标分解要适当。所谓目标分解要适当，指的是在分解工作目标时，既要避免遗漏，也要避免多余。所谓分解的过程中有遗漏，就是有一些必要的工作内容没有被安排在计划之内，导致工作无法完成。衡量分解目标是否有遗漏，可以通过让他人看分解完成后的工作计划是否能够看懂来衡量，如果每个人都能通过你的工作计划明确具体的实施步骤，那么这样的分解计划基本上就没有遗漏；而很多时候，我们在分解目标的过程中，为了避免出现遗漏的问题，就会在任务表里加上很多没有必要的工作，导致整个工作计划看起来非常臃肿，这些工作不仅无意义，还会加大执行的难度。在分解完工作目标后，可以用客观的态度检查一遍工作列表，避免无意义的工作存在。

（2）考虑外在资源对于任务选择的影响。在很多情况下，我们想要完成一项工作，并不是只有一种方式，所以就要对完成工作的方式进行选择。在选择完成任务的方式时，要注意考虑外在资源对于任务选择的影响。尽量选择那些资源支持较多的工作方式。通常需要考虑到的外在资源主要包括以下七种，如图 9-4 所示。

（3）工作目标是否适合均分。有的人认为分解工作目标，就是将工作目标平均分，实则不然。有一些工作目标比较适合平均分，如学习英语时，可以将目标分解为每天背 20 个单词；锻炼身体也可以被平均分为每天做 30 个仰卧起坐等。也有很多工作目标并不适合平均分配，要考虑客观规律，例如人体的生理极限以及学习曲线等，这样的情况就要综合考虑多种因素，避免将工作目标平均分配。

（4）不断修正工作计划。实际的工作过程中，总是会发生各种各样的

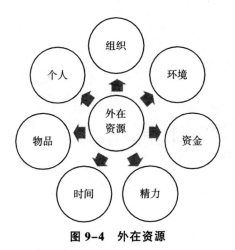

图 9-4 外在资源

突发状况，即使在前期已经将工作目标进行了分解，所制订的工作计划也不是一成不变的。要根据实际情况对具体的工作计划进行不断的修正，使工作计划在整个工作阶段都是适合实际的工作需求的，这样，工作才能很顺利地进行。

9.5
跳出拖延症的"怪圈"

拖延症（英文"Procrastination"），意为"将之前的事情放置在明天"。拖延症并不是严格的心理学或者医学用语，但是拖延症总是表现在我们生活中的各种小事上，患有拖延症，每件事情都会往后拖。短期来看，拖延症会导致工作效率降低，而长期来看，拖延症则会对个人的发展产生严重的负面影响。

大部分人在生活中都有拖延症，而表现在职场中则变得更加明显。

小王在一家公司任会计职务，对待工作，小王总是拖延。一次，上级领导给小王三天的时间，让其将公司的财务报表整理出来。如果按照正常的工作效率，在三天之内将财务报表整理出来对于小王来说，时间是非常宽松的。但是小王在接到整理财务报表这一工作任务后，并没有马上着手做这项工作，而是感觉三天的时间很充裕，自己可以先放松一下，第一天小王基本没有做任何的工作。直到第二天临近下班时，小王才感觉到马上要交财务报表的压力。由于之前并没有做任何的准备工作，一切都要从头开始，小王开始变得手忙脚乱，心情非常焦虑。为了在规定的时间内完成工作任务，小王利用第二天晚上以及第三天全天马不停蹄地工作，才在第三天下班之间将财务报表赶了出来。终于赶出财务报表的小王暗暗告诉自己，以后千万不能再拖了！

其实，小王的情况几乎在我们每一个人的身上都发生过。这就是非常明显的拖延症的表现。拖延症降低了我们的工作效率，影响了我们的工作执行情况。要想将各项工作有效执行，就要跳出拖延症的怪圈，克服拖延症。

发现你的拖延症

在生活工作中，准确判断你是否有拖延症，是跳出拖延症怪圈，提升工作执行力的第一步。只有明确你的拖延症的具体情况，才能对症下药，顺利脱离拖延症。

通常，拖延症在实际工作中有以下六种表现，如图9-5所示。

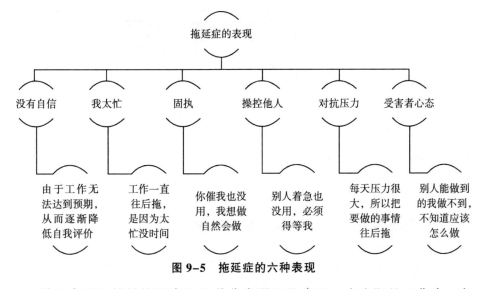

图9-5 拖延症的六种表现

以上表述的就是拖延症的几种非常明显的表现。在实际的工作中，如果你在面对一项具体的工作时，有以上所述的心态，则证明你有一定的拖延症，需要寻找一定的方法帮助自己摆脱掉拖延症，让自己不再受拖延症的困扰，从而提升自己的工作执行能力。

警惕拖延症的几大危害

拖延症对于我们的生活与工作都会产生非常严重的影响。要时刻警惕拖延症的几大危害，避免由于拖延症给自己的生活造成损失。总体来说，拖延症给人们带来的危害主要包括以下四个方面，如图9-6所示。

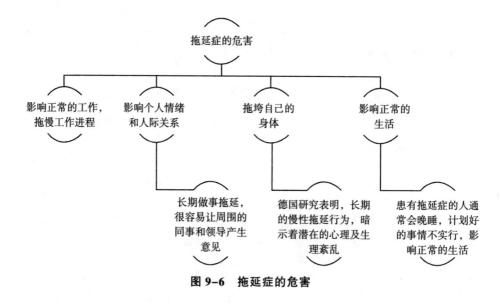

图 9-6　拖延症的危害

由图9-6我们可以看到，不论是在自身的身体和精神方面，还是在工作以及人际交往方面，拖延症都会给我们造成非常严重的伤害。在工作生活中，一定要警惕拖延症给我们带来的危害。

了解拖延症的诱因，才能更好地克服

任何事情的发生都有一定的原因，拖延症也不例外。要想更好地克服拖延症，就要了解发生拖延症的诱因，从而可以从根本上杜绝拖延症。经过相关的调查分析表明，之所以会产生拖延症，主要有以下六个原因，如图9-7所示。

图9-7是产生拖延症的六个原因。在了解了产生拖延症的原因之后，我们就可以对症下药，从根本上克服拖延症，跳出拖延症的怪圈。

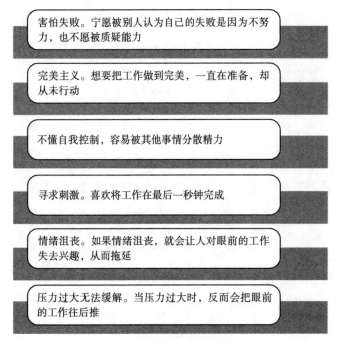

害怕失败。宁愿被别人认为自己的失败是因为不努力，也不愿被质疑能力

完美主义。想要把工作做到完美，一直在准备，却从未行动

不懂自我控制，容易被其他事情分散精力

寻求刺激。喜欢将工作在最后一秒钟完成

情绪沮丧。如果情绪沮丧，就会让人对眼前的工作失去兴趣，从而拖延

压力过大无法缓解。当压力过大时，反而会把眼前的工作往后推

图 9-7　产生拖延症的原因

六步跳出拖延症的怪圈

要想从根本上克服拖延症，就要运用一定的方式方法，有技巧地克服拖延症。如果缺乏一定的技巧，则很难真正克服拖延症。总体来说，克服拖延症，大致有以下方法：

（1）运用"二八定律"分清事情主次。所谓"二八定律"，强调的是在任何一组东西或者事件中，最重要的通常只占其中的一小部分，所占比例大约为20%，而剩下的80%尽管在数量上是大多数，但却是次要的。"二八定律"普遍使用于我们的生活中。例如，商家80%的销售额来自20%的商品，80%的业务收入是由20%的客户创造的；在销售公司里，20%的推销员带回80%的新生意等。

在克服拖延症的过程中，同样可以运用"二八定律"，将手头的工作按照"二八定律"进行分类，然后按照事情的不同顺序依次进行。

（2）消除周边干扰。产生拖延症的一大原因就是身边的干扰过多，再加之自身的自律性较差，很容易被其他事情分散精力，最终拖延本来要做的工作。克服拖延症的有效方式就是减少周围的干扰，如关掉音乐、电视，以及把手机调成静音等。没有了可能对你产生干扰的因素，自然就可以全身心地投入到工作当中。

（3）将工作目标设置得具体一些。很多时候，我们产生拖延症是因为我们为自己设置的目标并不具体，导致这个目标不能对我们产生持续的吸引力，从而产生拖延症。例如，如果要将减肥这件事的目标定为"我要减肥，保持好身材"，就显得过于泛泛，不容易给我们提供持久的动力。而如果将目标设置得更加具体一些，定为"每天早上和晚上要各跑五公里"，那么就很有可能坚持下来，克服拖延症。

（4）适当缩短给自己留的时间。相关实验表明，在做一件事的过程中，并不是持续的时间越长，工作质量就会越好。相反，如果工作时间过长，就会给人时间充足的感觉，从而产生拖延症。要想克服拖延症，在给自己设定完成一项工作的时间时，可以适当地将这一时间缩短。

（5）不要把事情压在最后一分钟。很多人都认为自己的抗压能力非常强，认为"重压之下必有勇夫"，总是将工作堆积到最后才做。这样的做法实际上不利于提升工作质量。不要把事情压在最后一分钟做。

（6）相互监督。如果自己的自控能力并不是很强的话，要想克服拖延症，就需要有外在的因素介入。可以与同事互相监督，已达到克服拖延症的目的。

10

合作：共进，一流匠人不会只扫门前雪

现代职场，已经不再是一个人就可以独步天下的时代，而是更加强调团队合作的力量。任何一个人都不可能在职场中单打独斗获得成功。在寻求自身发展，成为匠人的道路上，学会团队合作是非常重要的一个课题。团队合作的最终目的是实现团队和个人的共同发展，任何一个一流匠人的成功，都离不开与他人的合作。要取得个人的成功，就要学会团队合作。

10.1
一个人的努力是加法，一群人的努力是乘法

如果将一个人的努力比作一滴水的话，那么一群人的努力就会变成一池水，甚至变成河流、变成海洋。一个人的努力是加法，一群人的努力是乘法，只有一群人的共同努力，才能实现裂变，从而让工作实现质的飞跃。学会团队合作对于每一个职场人都非常重要。团队合作在发展与进步中具有巨大的推动作用。在现代职场中，任何人都无法忽略团队合作的作用，任何成功的团队都必定是一个团队成员能够精诚合作的团队。正是由于团队成员之间的精诚合作，才使得团队以及团队中的每个成员都获得成长和发展。

团队合作能够有效提升工作效率

团队合作对于提升工作效率具有非常明显的作用。工作中可能出现各种各样的问题，而如果仅仅靠一个人的力量是很难解决的；即使能够解决，也要耗费大量的时间和精力，团队合作则与个人单独工作有明显的不同。团队合作中，由于每个团队成员所擅长的工作不同，在遇到问题时，就可以相互合作，发挥各自的长处。通过团队成员之间的优势互补，则能够用最短的时间把问题解决，完成工作。团队合作能够有效提升工作效率。

小张是一家广告公司的活动策划。在做一项活动执行时，小张并没有注意要跟其他同事合作完成这项工作，只是自己一个人在做所有的准备工作。尽管小张已经非常努力地做各项准备工作，但是，一个人的力量毕竟

是有限的，两天过去了，准备工作只完成了30%，小张在做准备工作中经常手忙脚乱。

针对这样的情况，小张向上级领导申请多安排几个同事，帮助自己一起完成准备工作。最终，小张和其他三名同事分工合作，在短短的一天之内完成了所有剩余工作，大大提升了工作效率。由于团队中的各个成员之间分工明确，在完成整个准备工作的过程中，所有的工作有序进行，既提高了工作效率，又让每个团队成员能够轻松完成工作，避免了手忙脚乱的情况。

团队合作有利于产生新颖的创意

俗话说："三人行，必有我师焉。"团队中的每个成员都有自己独特的优点，每个人对于工作都有着自己独到的见解和新颖的想法。由团队成员所组成的多元化组合中，各个成员之间可以互相切磋、交流。通过这样的方式，就可以产生更多不同的、具有新颖的想法。相比一个人针对工作的单一想法，以及为创新所做出的苦思冥想，团队合作为工作中的创新与进步提供了更多的可能。

小刘在一家广告公司做设计。在工作中，小刘经常会跟其他同事针对工作进行讨论，从中吸收对自己的设计工作有帮助的新颖想法。一次，小刘正在因为一个新产品的广告设计一筹莫展，在中午一起吃饭的时间，小刘就将自己的问题拿出来和同事共同讨论。大家就小刘的问题各抒己见，每个人的想法都很特别。最终，经过一番讨论，小刘解决了问题，想到了一个非常具有创意的设计形式。

通过小刘的案例我们可以看出，如果仅仅靠一个人苦思冥想，要想能够源源不断地产生新颖的创意是非常困难的。而团队合作中，却能够通过团队成员之间的相互交流，不断碰撞出火花，有利于产生新颖的创意。

团队合作能够激发团队成员的学习动力

大部分人都有希望他人尊敬自己的欲望，都有不服输的心理，以及精益求精的欲望。正是因为这样的心理，在团队合作中，更能够激发团队成员的学习动力。在团队合作中，各个成员之间都会暗自较劲，相互比拼，这也就不知不觉增强了团队成员的上进心，使团队成员能够主动要求自己进步，力争在团队中做到最好，以赢得其他同事对自己的尊敬，满足自己的自尊心。团队中各个成员之间的内部竞争，在一定程度上能够对员工起到激励作用，从而促进团队成员的进步。

小周是一名化妆品销售员，通过团队合作，小周在工作中获得了更快的进步。在工作中，小周所在的团队中的成员都相互比拼，相互学习，都希望自己能够在团队中脱颖而出，团队中就形成了"你学我也学，你会我也要会"的氛围。在这种团队氛围下，小周的学习动力有了明显的增强，自身取得了非常明显的进步。

团队合作有利于约束和控制成员的行为

工作中，只有有效约束和规范自己的行为，才能在工作中取得持续的进步。如果只有自己一个人的时候，那么对自己行为的控制和约束就完全依靠自身的自控力，大部分人的自控能力相对较弱。如果在一个团队中，对于团队成员的约束和规范则会大大增强。团队成员之间通过相互对比，就会对自己的行为提出更高要求。当一个人的行为与团队中的其他成员不同时，自然就会产生一种压抑和紧迫感，然后主动改正自己的行为。

通过约束和规范自己的行为，能够有效减少由于自制力较弱而给工作带来的负面影响，保证自己能够在工作中取得持续的进步。

10.2

离开团队，你什么都不是

单打独斗的时代已经过去，在现代职场中，强调更多的是团队的力量。一个人，不论其能力有多强，都不可能离开团队而取得成功。一个人如果脱离了团队，就会像是鱼离开了水，不能生存，更谈不上发展与成功。不论你的能力有多强，离开了团队的支持，你仍然什么都不是。真正有头脑的人，会考虑到方方面面的因素，能够学会与各种各样的人或者环境合作，依靠团队的智慧和力量，使其获得长远的竞争优势和发展潜力。任何一个成功的匠人，也必然是依托团队而不断发展，最终取得成功的。要在自己的工作中取得进步和发展，就要明确团队对于个人的重要性，并在工作中学会如何依托团队的力量帮助自己获得成功。

加强自身的团队意识

现在的社会竞争前所未有的激烈，现代职场中，需要的也是团队协作的力量。一个缺乏团队意识，不懂得互相协作的人，即使有着超强的能力，也难以在工作中更好地发挥出自己的优势，甚至难以在职场中立足。抛弃了团队精神，就意味着抛弃了更好地实现自身价值的机会，团队固然要为此承担风险，但损失最大的无疑是你自己。在现代职场中，要想让自己在工作中获得发展，首先就要增强自己的团队意识。

工作中，团队意识表现为企业整体的集体力，即"1 + 1 > 2"的结合力，也被称为"系统效应"。团队意识表现为团队成员之间的向心力与凝聚力，团队成员之间"心往一处想，劲往一处使"，真正把自己看成团队中的一部分。具有团队意识的人，在团队中有较强的归属感，通常会以自己是团队中的一分子感到自豪，并将团队作为自己工作、价值的依托和归宿；具有团队意识的人，在团队中还有很强的安全感。当团队中的每个成员都能在团队中获得基本的生活保障以及安身立命之所时，团队意识便成为了一种安全感意识。

曾经，拥有 NBA 历史上最豪华阵容的湖人队在总决赛中的对手是 14 年来第一次闯入总决赛的东部球队活塞队。湖人队拥有超级豪华的阵容，从球队的人员结构来看，科比、奥尼尔、马龙、佩顿，湖人队是一个由巨星组成的"超级团队"，每一个位置上的成员几乎都是全联盟最优秀的，再加上由传奇教练菲尔·杰克逊对其的整合，在许多人眼中，这是 20 年来 NBA 历史上最强大的一支球队。就在绝大部分人都认为活塞队一定会被湖人队打败的时候，活塞队以 4∶1 战胜了湖人队。

而活塞队之所以能够战胜湖人队，则是由于活塞队队员的精诚合作。而湖人队虽然每个人都非常优秀，但是缺乏团队合作意识。每个人都认为自己才应该是球队的领袖，在比赛中单打独斗，不注意与队友的合作，最终，整个团队的战斗力大打折扣。

要增强自己的团队意识，可以从以下三个方面入手，如图 10-1 所示。

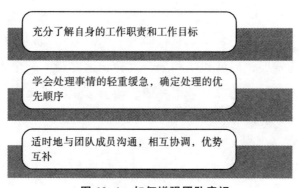

充分了解自身的工作职责和工作目标

学会处理事情的轻重缓急，确定处理的优先顺序

适时地与团队成员沟通，相互协调，优势互补

图 10-1 如何增强团队意识

学会与他人相互配合，减少个人英雄主义

个人英雄主义，指的是在工作中不突出团队的力量，而是强调个人力量去完成工作的英雄主义思想和行为。个人英雄主义，在现代职场中是无法生存的。在现代职场中，大多都是程序化的工作，每个人在工作中站在不同的领域。在工作团队中，不论一个人的工作能力有多强，也只能是做好某一方面的工作。即使一个人在团队中发挥着非常重要的作用，仍然需要杜绝个人英雄主义，学会与他人相互合作。在工作中，注重与其他成员之间的相互平衡，不要只顾着展示自己的实力，而要具有整体意识，和其他团队成员相互合作共进。

在 A 公司中，有一个工作能力非常突出的员工，不仅拥有高学历，在工作中也做出了很多成绩。但他在工作中却太注重发挥自己个人的能力，忽略了与其他同事的相互合作。这个员工在平时的工作中，总是独来独往，与其他同事之间不能融洽地相处。当同事有困难需要他协助时，他总是敷衍了事。这名员工虽然在自己的工作中取得了一些小成绩，但是却对团队整体的工作没有起到任何帮助作用，甚至由于与同事关系不好而影响了团队整体的工作。为保证整体的工作效率与工作质量，即使这名员工的工作能力很强，A 公司的领导最终还是选择了将其辞退。

工作中，我们有很多人都与这名员工相似，认为自己的能力超群，所以对其他同事不屑一顾，只是顾着自己的工作。实际上，这样的做法既不利于团队整体的发展，同样也不利于个人的长远发展。一个人要想获得长久的、稳定的发展，最终还是要依托团队的力量。在工作中，要学会与他人协作，杜绝个人英雄主义。

依托团队发挥优势

一个人的发展离不开团队，仅仅依靠个人的力量，所能够获得发展机

会和发展空间都非常有限。要寻求更广阔的发展空间，就要学会依托团队的力量发挥自己的优势，让自己在工作中能够获得更多的施展才华的机会，从而获得更多的学习机会与上升空间。

赵丽是一名化妆品销售人员，在工作中，赵丽非常注重依托团队为自己寻求更多的发展机会。平时，对于公司举办的各种竞赛活动、评奖评优等活动，赵丽都会积极参加；当工作团队中出现问题时，赵丽总是第一个站出来，与其他同事合作，积极解决所出现的问题。正是因为这样的努力，赵丽的上级领导对其赞赏有加。公司一有培训学习的机会，就会让赵丽参加。赵丽也因此在自己的工作中获得了很好的发展。

10.3
善于合作才能有宽阔出路

在日常生活中，我们看到飞行的大雁队伍大多呈现"V"字形，在这样的大雁队伍中，会定时地更换领头者，以便帮助两边的大雁形成短暂的真空状态，以达到减少飞行阻力的目的。经过研究发现，按照"V"字形飞行的大雁队伍通常会比单独飞行的大雁多飞12%的距离。从大雁的飞行中，我们就可以看出团队合作的力量。在现今这样竞争激烈的职场中，不论个人的能力有多强，如果仅仅依靠一个人单打独斗的话，很难取得成功。只有善于与他人合作，依靠团队的力量，才能更快地取得进步，让自己的职业生涯道路越走越宽。而如何在工作团队中与他人合作，则是一个需要学习的重要课题。

学会和他人相互合作

"三个和尚没水喝"的故事相信很多人都听说过。在一座高山上有一座庙，庙里住着一个和尚，由于庙里没有水，所以这个和尚只能自己下山去挑水喝；后来寺庙中又来了一个和尚，于是两个和尚开始一起抬水喝；再后来，又来了一个和尚，可是三个和尚从此没有水喝了。而三个和尚之所以没水喝，则是由于三个和尚都想偷懒，都不想出力，最后都没水喝，这就是不善于团队合作而导致的后果。而如果三个和尚之间进行明确的分工，每次都是两个人组合去挑水，那么不仅每天都能喝上新鲜的水，而且每个人都有休息的时间。合作，让同等条件下的事情变得不一样。

在工作中，善于合作，也要学会和别人抬水喝。合作，并不意味着自己吃亏，而是与别人团结协作，能够壮大自己，帮助自己。在工作中，善于合作，力图实现共赢，才是现代职场中最需要的团队工作方式。

小刘是一位程序员。在工作中，小刘总是排斥与他人合作，不跟任何人沟通，仅仅靠自己的能力完成工作。可是，正是由于小刘不与其他同事合作，导致其在工作中出现了很多的问题。例如，有一次，小刘在编写一套程序时，遇到了一些困难，如果向同事求助，问题会很快得到解决。可是小刘却仍然坚持自己想，导致浪费了大量宝贵的工作时间，拖慢了工作进程。而如果小刘向同事请教，不仅小刘的问题能够快速得到解决，其同事还能在这一过程中获得更多的工作经验，实现双赢。

在工作中，学会和别人一起抬水喝，就要学会共赢。而实现共赢，需要做到以下两个方面，如图 10-2 所示。

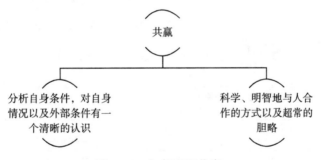

图 10-2　如何实现共赢

做好人，但不充好人

善于与人合作，还表现在与团队成员的相处方面。要与团队成员合作，就要做到在团队中做好人，但是不充好人。

在任何一个团队中，大家都是喜欢好人、欢迎好人的，在团队工作中，大多数人都希望能够成为好人。而成为好人，也要有一定的辨别能力，而不是成为"好好先生"。一旦成为"好好先生"，不但不能被团队成员所喜爱，还会给自己徒增很多不必要的烦恼。

小周和小凯都是某公司的销售人员，在销售团队中，小周和小凯却有着截然不同的做人做事的方法。小周非常想得到团队成员的认同，立志在团队中做一个"好说话"的人。不论是与工作有关的事，还是与工作无关的生活琐事，只要团队中的成员开口，小周一定会答应。时间一长，很多人都将自己不愿意做的工作推给小周。团队成员不仅没有觉得小周是个好人，甚至还觉得小周傻，好欺负，而小周也因为过多的琐事耗费了自己大量的精力，影响了正常的工作。

而小凯却与小周不同，对于同事的请求，小凯并不是任何事情都答应。如果同事真的遇到了困难，需要帮助，小凯会毫不犹豫地给同事提供帮助；而对于同事所提出的那些无理要求，小凯则会坚决拒绝。虽然小凯面对同事的请求并不是照单全收，却让同事觉得小凯是一个有原则的人，大家不仅对小凯的好感度有了明显的提升，还对小凯产生了几分敬意。

小周与小凯的事例，清晰地表现了做好人与充好人之间的区别。大体上，滥充好人，主要有以下三个特点，如图 10-3 所示。

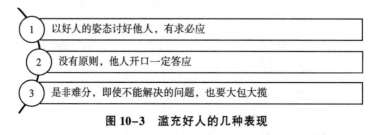

1. 以好人的姿态讨好他人，有求必应
2. 没有原则，他人开口一定答应
3. 是非难分，即使不能解决的问题，也要大包大揽

图 10-3　滥充好人的几种表现

而真正的好人，则应该具备以下三种特点，如图 10-4 所示。

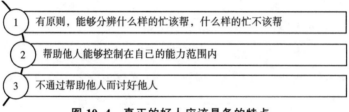

1. 有原则，能够分辨什么样的忙该帮，什么样的忙不该帮
2. 帮助他人能够控制在自己的能力范围内
3. 不通过帮助他人而讨好他人

图 10-4　真正的好人应该具备的特点

好共事但不能盲目服从

每个人都是独立的个体，即使依托团队协作，最终的目的仍然是寻求自身的发展。在团队工作中，即使要好共事，也决不能盲目服从。如果对于工作，自己没有主见，而是什么都人云亦云的话，不仅不会博得他人的好感，还会让人觉得你是一个没有主见、没有头脑的人。长此以往，既不利于与团队成员形成良好的合作关系，也不利于实现自身在工作中的发展。团队合作中，既要做到与同事之间好共事，但也不对他人的意见盲目服从。

小周是一家设计公司的职员，在工作中，小周希望自己在团队中能够有一个好人缘，在同事心目中成为一个好共事的同事，在工作中尽量与同事搞好关系。小周认为，如果在同事提出来一个想法后，自己提出反对意见的话，就一定会引起同事的反感，不利于与同事之间搞好关系。于是，小周在工作中，对同事提出来的任何想法，从来都不提出反对意见，都是一味地说好。

但是，久而久之，小周的这种做法并没有给他带来好人缘，反而使同事觉得他没有主见，甚至有些看不起他。小周可谓是既没有好人缘，还错失了自己在工作中进步的机会。在团队合作中，一定不能盲目服从。

10.4
竞争的目的是共同进步

每个人在工作中都有一分进取之心，在团队合作中，每个人也要寻求个人的发展。在团队工作中，肯定会存在一定的竞争关系。很多人认为只有自己时刻提防团队成员，与团队成员争斗才能实现自身的进步，更有甚者，在团队协作中出现了恶性竞争的局面。这样的局面出现不仅不能实现个人的进步，还会影响团队整体的工作效率。在进行团队协作时，需要明确的一点是：团队工作中不论是合作还是竞争，其最终目的都是实现团队成员的共同进步。竞争中有合作，合作中也有竞争。正确处理竞争关系，才能真正实现共同进步。

竞争也要优势互补

很多人认为，在团队竞争关系中，为了避免被别人竞争下去，就要在竞争中不断表现自己，打压别人，实则不然。在现代职场中，有很多工作都需要各方面的协同配合才能完成，仅仅凭借一人的能力是远远不够的。在这样的情况下，即使在竞争关系中，也要学会与他人合作，通过各个团队成员之间的优势互补，能够有效提高整体的工作效率，并且有利于实现个人的进步。

小刘是一家网络公司的职员，由于团队成员之间存在着一定的竞争关系，大家都想通过工作成绩证明自己的实力，以在工作中获得更好的发展，小刘在工作中经常是单打独斗，即使有自己解决不了的问题，也不会向同事求助，以至于经常拖慢工作进度。一次，小刘要完成一份报表，需要一份材料，但是整理材料的工作小刘并不擅长。可是小刘却迟迟不肯向其他同事求助，交报告的期限马上就要到了，可是小刘的工作仍然没有任何进展。

迫于无奈，小刘主动向同事提出能不能帮一下自己，同事马上就答应了，通过两个人的合作，工作报告很快就完成了。由于报告在规定的期限内完成了，并且完成的质量非常高，所以上级领导非常满意，对小刘和小刘的同事都提出了表扬。

从小刘的事例中我们可以看出，即使团队工作中存在竞争关系，在竞争中也要学会优势互补，相互合作。只有这样，才能够实现团队成员的共同进步。

竞争也要学会共享

有些人认为，团队工作中如果存在竞争关系，那么就要时刻提防其他同事。在工作中，经常出现团队成员之间沟通不畅的情况。实际上，这样的做法不但不能实现个人在工作中的进步，还会影响团队整体的工作质量和工作效率。

张琳是一家广告设计公司的职员，在团队工作中，团队成员之间竞争非常激烈，甚至出现了恶性竞争的情况。团队成员之间即使工作中有了新创意，也不会跟其他同事交流，导致同事之间的信息闭塞，工作更新不及时。一次，张琳在做一份新的广告文案时，需要一些信息，于是向同事询问。

可是张琳的同事却担心由于自己给张琳提供了信息，帮助张琳完成了工作，张琳就会被上司赏识，而自己却是费力不讨好，于是没有向张琳提供其所需要的信息，最终导致张琳没有按时完成工作。上级询问工作没有完成的原因后，认为张琳的同事明明有工作所需要的信息，却不提供给张琳，对工作没有完成负有一定的责任；而张琳也因为没有完成工作而受到了处罚。

通过以上的案例我们可以发现，团队竞争中也要共享，如果在团队工作中，每个人心里都有自己的小算盘，而不是尽自己所能完成各项工作，那么结果只能是既不能实现自己的进步，又降低了团队整体的工作效率。在团队工作中，即使存在竞争关系，也要学会共享，共享的内容主要包括以下三个方面，如图10-5所示。

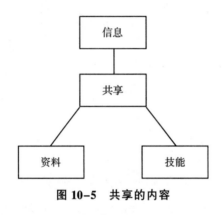

图 10-5　共享的内容

在团队工作中，团队成员之间能够实现实时信息的、工作资料以及工作技能的共享，才能实现良性竞争。团队中的各个成员通过共享，不但能够更好地完成自己的工作，还能帮助团队中的其他成员进步，最终实现工作团队整体的进步。有共享的竞争才是良性的竞争，也只有能够共享的竞争才能够真正起到竞争的根本作用，即实现团队成员的共同进步。

竞争也要坦诚相待

在团队合作中，非常重要的一点就是团队成员之间要坦诚相待。在团队合作中，如果团队成员之间不能互相信任，坦诚相待，而是相互之间要心机，那么合作的结果不是双赢，而是"双亏"。还有的人在工作团队中又搞小团体，通过自己的小团体在工作团队中排挤他人，这样的做法非常不利于工作团队成员之间的相互团结。

张青任职于一家化妆品销售公司，在工作团队中，张青跟团队中的另外两个同事组成了自己的小团体，经常在背后说其他同事的坏话，为了自己的工作业绩，张青的小团体还经常在背后给其他同事搞破坏。例如，有一次，张青的团队中有一个同事找到了一个大客户，并且已经谈得差不多，基本可以签约了。可是，张青和他的小团体却害怕这个同事签下大客户之后，在公司的风头盖过自己，于是就暗地里找到这个大客户，并向其提出了比同事给出的更加优惠的条件。最终，虽然张青的小团体签下了客户，却丢失了在团队中的口碑。

正是因为张青在团队中搞小团体，并且对团队中的其他同事耍心机，不能坦诚相待，才破坏了团队成员之家的团结，长此以往，会严重影响团队整体的工作。

10.5
求同存异让团队更和谐

　　团队合作中，面对同一件事情，由于所处的立场不同，或者是思考事情的角度不同，不同的团队成员面对同一件事情的态度可能会有差别。这样的情况，在团队工作中是非常正常的，也是经常出现的。当团队成员之间意见不统一的时候，如果不能妥善地处理，就有可能造成团队成员之间的相互猜忌以及恶性斗争，最终影响团队整体的工作。当团队成员之间有不同意见出现时，一定要学会求同存异，这样才能够让工作团队更加和谐。能够在工作团队中做到求同存异，这也是一名一流的匠人必须具备的一项素质。

别以为只有自己最能耐

　　莎士比亚曾经说过："愚笨的人往往认为自己很聪明，而聪明的人却认为自己很笨。"在团队合作中，如果总是认为自己比别人强，唯我独尊，那么是非常不利于和团队中的其他成员进行合作的。只有善于合作，并且善于学习他人的长处，才能在职业生涯道路上走得长远。如果在团队工作中，总是认为自己比别人更能耐，不可一世，不仅不能与团队成员和谐相处，求同存异，还会招致其他团队成员的反感。

　　张丽是一家网络公司的职员。由于工作成绩比较突出，张丽在工作团队中一直认为自己的工作能力比任何人都强，把任何人都不放在眼里，并且当团队成员之间有不同的意见时，张丽总是认为自己的意见是最正确的，绝对不会出错。对于团队中其他成员的意见，张丽从来都不考虑。一次，工作团队在就一项营销活动策划活动方案时，张丽提出了自己的看法，但是团队中的另外一些成员认为张丽的想法虽然不错，但是经费有限，实施难度大，所以还应该再做进一步的修改。

但是，张丽却并没有听取团队中其他成员的意见，甚至对其他成员说："我的工作成绩是有目共睹的，你们有什么资格来对我提意见，简直是自不量力。"然而，经过实际的操作证明，张丽的策划方案确实实施不了，不仅远远超过了活动预算资金，还因为过于复杂，不能在规定的期限内完成。由于没有按时完成营销活动，张丽所在的团队受到了上级的批评，张丽也因此被其他同事孤立。

从张丽的事例中我们可以看出，在团队工作中，如果总是唯我独尊，认为自己最强，从而听不进去别人的意见，是非常不利于团队和谐的。不论你的工作能力有多强，总有你不懂的地方，学会放低姿态，能够有效促进团队和谐。

学会站在对方的立场看问题

人们通常习惯站在自己的角度上考虑问题，这是无可厚非的。但是，如果仅仅是站在自己的角度上考虑问题，那么视野未免就会变得不够开阔，不够全面，而且很容易在团队合作中出现问题。学会站在对方的角度上考虑问题，能够更加容易理解团队中其他成员的想法，使各个成员之间的交流更加便利。

著名的电器公司松下电器的创始人松下幸之助，在刚开始与人谈判的时候，总是想尽一切办法缩短与对方沟通的时间，提高会谈的效率，但是却总是因为双方意见存在分歧而浪费大量的时间，甚至谈不成工作。

基于这样的情况，松下幸之助积极寻找出现问题的原因，最终发现是由于自己在谈判时只是站在自己的角度而没有站在对方的角度上考虑问题，对于对方提出的很多意见自己都没有办法理解，致使双方总是达不成一致意见。

找到原因后，松下幸之助在之后的谈判中，除了全面考虑自己的利益和需求之外，还会站在对方的角度上考虑问题。当对方提出反对意见时，站在对方的角度上考虑其为什么会提出这样的反对意见，自然就更加能够理解对方的难处；当谈判僵持不下时，还可以站在对方的角度，提供对方所需要的条件。通过这样的方式，大大提升了松下幸之助的谈判效率，由于能够替对方着想，使得很多公司都希望和松下电器合作。这也是松下电器能够取得今天这样的成就的一个重要原因。

用正确的方式表达自己的意见

很多时候，团队中产生矛盾的很大一部分原因是自己表达意见的方式不正确。虽然你的意见是正确的，却会引起其他人的反感。在团队工作中，要想做到求同存异，就要学会用正确的方式表达自己的意见。

刘玲是一家商贸公司的职员。在团队工作中，刘玲对待工作非常尽职尽责，非常想和团队成员搞好关系。但是，刘玲却经常因为自己表达意见的方式不合理而引起其他同事的不满。一次，在讨论一项工作时，刘玲有一个非常好的解决办法，可是因为表达方式有问题，刘玲虽然提供了一个有效的解决办法，却并没有能够获得工作团队中其他同事的认可。在大家都在围绕工作进行讨论、商议解决办法时，刘玲并没有顾及其他同事，而是直接说："你们说的都不对，我觉得我的办法才是最好的，你们不懂不要乱说。"正是因为这样的表达方式，虽然刘玲所说的解决方法确实是正确的，但却在表述自己的想法时，没有顾及其他同事的自尊心，所以引起了其他同事的不满，影响了团队成员之间的团结。

要在团队中学会求同存异，就要学会用正确的方式表达自己的意见。通常，在表达自己的意见时，要注意以下三个问题，如图 10-6 所示。

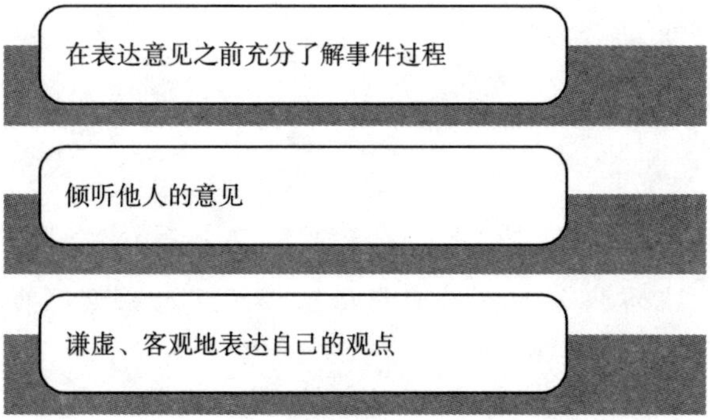

在表达意见之前充分了解事件过程

倾听他人的意见

谦虚、客观地表达自己的观点

图 10-6 表达意见时应该注意的问题